# 前菜の完全ガイド

あらゆる種類のイベントや行事に適した100の美味しくて簡単な前菜のレシピ

サラ・グレイ

全著作権所有。

## 免責事項

この電子ブックに含まれる情報は、この電子ブックの著者が調査した戦略の包括的なコレクションとして機能することを目的としています。要約、戦略、ヒント、およびトリックは、著者による推奨事項にすぎず、この eBook を読んでも、結果が著者の結果を正確に反映しているとは限りません。電子ブックの作成者は、電子ブックの読者に最新かつ正確な情報を提供するためにあらゆる合理的な努力を払っています。著者およびその関係者は、発見される可能性のある意図しないエラーまたは脱落に対して責任を負いません。電子書籍の資料には、第三者による情報が含まれる場合があります。サードパーティの資料は、その所有者によって表明された意見で構成されています。そのため、eBook の作成者は、第三者の資料や意見に対して責任を負わないものとします。

eBook の著作権は © 2022 にあり、無断複写・転載を禁じます。この電子ブックの全体または一部を再配布、コピー、または派生物を作成することは違法です。このレポートのいかなる部分も、著者から明示および署名された書面による許可なしに、いかなる形式でも複製または再送信することはできません。

# 目次

目次 ................................................................. 3
前書き ............................................................... 7
1. ピーマンの詰め物 .............................................. 8
2. ミートボールのベーコン巻き ................................ 11
3. 感謝祭きのこのぬいぐるみ .................................. 13
4. チョリソを添えたマンチェゴ トルタス ..................... 15
5. りんごのオーブン焼き ........................................ 18
6. 焼きファラフェル .............................................. 21
7. クランベリーとチリのミートボール ........................ 23
8. エンチラーダ ................................................... 25
9. ハニーバルサミコミートボール .............................. 28
10. かぼちゃの種のロースト ..................................... 31
11. ポテトほうれん草ボール ..................................... 33
12. シュガーアンドスパイスナッツ ............................. 36
13. ベーコンピンホイールロール ................................ 39
14. ビーガンセロリサラダ前菜 ................................... 42
15. ローマンチーズポテトチップス ............................. 44
16. スパークリングクランベリーとブリーバイツ ............ 46
17. ベーコンとチリのイチジク ................................... 49
18. フライドマッシュポテトボール ............................. 51
19. スイートポテトバイト ........................................ 54
20. テックス・メックス・チーズ・コーンブレッド ......... 56
21. チーズトルテリーニ串焼き .................................. 59
22. トスカーナ風ミートボール フラットブレッド .......... 61
23. ベイクド・ラビオリ・バイト ................................ 64
24. ガーリックトーストミートボールスライダー ............ 67
25. ブランケットの中の安っぽい牧場の豚 .................... 69

26. グリーンプロテインスナックポット ................................................. 72
27. キノアマフィンバイト ..................................................................... 74
28. ビーガンプロテインバー ................................................................ 76
29. PBとJエナジーバイト .................................................................. 79
30. ローストキャロットフムス ............................................................ 81
31. パフキノアバー ............................................................................... 83
32. むき枝豆のディップ ....................................................................... 85
33. 抹茶カシューカップ ....................................................................... 87
34. ひよこ豆のチョコスライス ............................................................ 89
35. バナナバー ....................................................................................... 91
36. プロテインドーナツ ....................................................................... 94
37. クッキーアーモンドボール ............................................................ 97
38. はちみつごま豆腐 ........................................................................... 99
39. ピーマンのピリ辛漬け ................................................................. 102
40. スクオーラ ディ ピザ ................................................................... 104
41. ぺぺロナータとオレガノのブリコッタ ...................................... 108
42. ポテト、エッグ、ベーコン ......................................................... 111
43. アーティチョーク、レモン、オリーブのストラッキーノ ...... 114
44. フォンティーナ、モッツァレラ、セージのビアンカ .............. 118
45. ピザボール ..................................................................................... 121
46. イタリアン チキン ペストリー バイト ...................................... 124
47. アランチーニボール ..................................................................... 126
48. イタリアンナチョス ..................................................................... 130
49. イタリアンペパロニロールアップ .............................................. 133
50. サラミ入りチーズガレット ......................................................... 136
51. モッツァレラチーズのフリッターとスパゲッティ .................. 138
52. チーズトルテリーニの串焼き ..................................................... 142
53. トスカーナ風ミートボール フラットブレッド ......................... 144
54. ガーリックトーストミートボールスライダー ......................... 147
55. セイタン ピザカップ ..................................................................... 149
56. クリスプシュリンプフリッター ................................................. 152

| | | |
|---|---|---|
| 57. | トマトの詰め物 | 155 |
| 58. | 塩タラのフリッターのアイオリ添え | 157 |
| 59. | 海老コロッケ | 160 |
| 60。 | カリカリのスパイスポテト | 163 |
| 61. | エビのガンバ | 165 |
| 62. | ムール貝のビネグレットソース | 167 |
| 63. | ピーマンのご飯詰め | 169 |
| 64. | カラマリのローズマリーとチリオイル添え | 173 |
| 65. | トルテリーニサラダ | 176 |
| 66. | カプレーゼパスタサラダ | 178 |
| 67. | バルサミコのブルスケッタ | 180 |
| 68. | サバ焼き | 183 |
| 69. | 海老のベーコン巻き焼き | 186 |
| 70. | バーベキュービーフカップ | 189 |
| 71. | 鳩胸肉の丸焼き | 191 |
| 72. | バーベキューミートボール | 194 |
| 73. | 焼肉前菜 | 196 |
| 74. | バーベキューチキンの前菜 | 198 |
| 75. | バーベキュービット | 200 |
| 76. | マッシュルームキャップのホタテの燻製 | 202 |
| 77. | BBQ キルバサ | 205 |
| 78. | 焼き芋のグリル | 207 |
| 79. | アスパラガスのグリル | 209 |
| 80. | ポートベロマッシュルームのグリル | 211 |
| 81. | 焼きピーマン | 213 |
| 82. | エビのペスト詰め | 215 |
| 83. | グリルナチョス | 218 |
| 84. | 秋のつくね | 220 |
| 85. | ミートボルストロガノフ | 222 |
| 86. | カピアミートボル | 224 |
| 87. | カレーミートボル | 227 |

| | |
|---|---|
| 88. フレンチオニオンミートボール | 230 |
| 89. メープルミートボール | 232 |
| 90. ミートボールシェパーズパイ | 234 |
| 91. スパゲティミートボールパイ | 237 |
| 92. 生意気なアジア風ミートボール | 240 |
| 93. ミートボールとスパゲティソース | 243 |
| 94. ヨーグルト入りミートボール | 246 |
| 95. ミートボールのストラッチャテッレ | 249 |
| 96. ミートボールとラビオリのスープ | 252 |
| 97. ブルガリアのミートボールスープ | 255 |
| 98. ミートボールとフランクフルト | 258 |
| 99. マンハッタンのミートボール | 260 |
| 100. ベトナムのミートボール | 262 |

**結論** ................................................................................ 264

# 前書き

前菜は、通常、食事の前または食事の合間に提供されるフィンガーフードであり、オードブル、アンティパスト、またはスターターとも呼ばれ、機会と時間に応じて、非常に単純なものから非常に複雑なものまでさまざまです。それらを作っています。それらは、食前酒、食事の前に提供されるカクテルの一般的な伴奏です.

会食や宴会などでは、食事の前に前菜が出されることがあります。これは、結婚式が行われた後、結婚式のパーティーとゲストがレセプションに到着するまでに時間がかかる結婚式で特に一般的です. 前菜は、通常の食事時間の後に行われる長いパーティーで提供される場合があります. 夕食を提供する意図のない午後のパーティー、または夕食後に行われる夜のパーティーでは、ゲストが軽食をとれるように前菜を用意する場合があります。多くのレストランでは、最初のコースとして食事の直前に注文されるさまざまな前菜を提供しています。

前菜は、味は大きく、サイズと価格は小さくする必要があります。前菜には、独特のピリッとした風味と食欲をそそる性質が必要です。漬物や塩漬けの食品、酸、コショウ、パプリカは、それらの製造において顕著な役割を果たします. 生のカキとあさり、グレープフルーツ、メロンとフルーツのカクテル、イワシのペーストを広げたカナッペと小さなサンドイッチ、アンチョビとキャビア、ロブスターとカニ肉、チーズ、オリーブ、その他の風味豊かな混合物、デビルドエッグ、ジューシーな小さなサラダなどはすべて、前菜のリストに偏見なく含まれています。米国の一部では、夕食は常に前菜としてサラダから始まります。

# 1. ピーマンの詰め物

収量：ピーマンの詰め物 6 個

## 材料

- 6 大赤ピーマン
- 1 ポンドのスライスしたキノコ、
- ココナッツオイル 小さじ 1
- ½ カップのコーンブレッドクラム
- 米ぬか油 大さじ 1
- 皮をむいてすりおろした新鮮な生のビート 1 カップ
- 玉ねぎ 1/2 個、薄切り
- 野菜スープ 1 カップ

## 方向：

a) オーブンを 375°F に予熱します。

b) フライパンにココナッツオイルを熱し、きのこを炒める。

c) 各コショウのてっぺんを取り除きます。コショウの中身を取り除き、きれいにします。

d) 大きなミキシング ボウルで、他のすべての材料を混ぜ合わせます。塩こしょうで味を調えます。

e) ピーマンに混合物をゆるく詰め、ベーキングパンに並べます。

f) 鍋の底に 1 インチのお湯を入れます。

g) 45 分間焼きます。

h) 鍋を火から下ろし、サーブします。

## 2. ベーコン巻きミートボール

収量: 10

## 材料

- 1 パッケージ (26 オンス) ミートボール
- 細切りにしたベーコン 1 パック
- ハニーBBQ ソース 1 本

## 方向：

a) オーブンを華氏 400 度に予熱します。

b) 17 インチ x 11 インチの天板に羊皮紙を敷きます。

c) 各ミートボールにベーコンスライスの 3 分の 1 を巻き付け、つまようじで留めます。

d) 包んだミートボールを羊皮紙の上に単層で置き、20～25 分間、またはベーコンに火が通るまで焼きます。

e) フライパンからミートボールを取り出し、ハニーBBQ ソースを塗ります。

f) ミートボールをオーブンに戻し、さらに 5 分間、BBQ ソースをカラメル状にします。

# 3. 感謝祭きのこのぬいぐるみ

収量: 4

## 材料

- クレミニまたはホワイト マッシュルーム 8 個
- $\frac{1}{2}$ カップのコーンミール
- ココナッツミルク 1 カップ
- 細切りレッドビーツ 1 カップ
- 千切りにんじん 1/2 カップ

## 方向：

a) きのこから茎を取り除き、ブラシで取り除き、洗い、天板に丸めた面を上にして置き、475°F で 5 分間焼きます．

b) きのこの茎、コーンミール、ビーツ、にんじん、ココナッツミルクをフード プロセッサーで混ぜ合わせます。

c) 小さなフライパンで 5 分間詰め物を調理します。マッシュしてペースト状にする。

d) オーブンからキャップを外し、マッシュルームのキャップにゴルフボール大のフィリングをスプーンで 1 杯入れます。

e) オーブンを 400°F に予熱し、詰めたマッシュルーム キャップを 15 分間焼きます。

f) オーブンから取り出し、バジルを飾り、すぐにお召し上がりください。

**4. マンチェゴ トルタス チョリソー添え**

収量: 16 人前

## 材料

- トーストしたスライスアーモンド 1/2 カップ
- シェリービネガー 大さじ 2
- 乾燥オレガノ 小さじ 1/2
- 小さじ 1/4 の塩
- 砕いた赤唐辛子 小さじ 1/4
- チリチポトレ 大さじ 1
- ローストした赤ピーマン 2 個（缶詰）
- にんにく 1 かけ
- 1/2 カップのエキストラバージン オリーブ オイル
- 全粒粉サンドイッチ 3 ラウンド
- 削ったマンチェゴチーズ 2 オンス
- 4 オンス。スペインのチョリソー、32 スライスにカット
- 平らな葉のパセリの葉 1/3 カップ

**方向：**

a) オーブンを予熱して焼きます。

b) 最初の 8 つの材料 (にんにくまで) がよく混ざるまでパルスします。

c) フードプロセッサーが動いている状態で、油をゆっくりと霧雨状にし、滑らかになるまで処理します．

d) 鋭利な丸いクッキー カッターを使用して、サンドイッチ ラウンドから 32 (1 1/4 インチ) の円を切り取ります。

e) パンを天板に単層で置き、チーズを均等にのせます。

f) 3 分間、またはチーズが溶けるまで焼きます。オーブンから皿を取り出します。

g) チョリソースライス 1 枚、小さじ 1/4 のロメスコ、パセリの葉 1 枚をそれぞれに加えます。

# 5. りんごのオーブン焼き

収量: 4

**材料：**
- 芯のある大きなリンゴ 4 個
- ブラウンシュガー 大さじ 4
- ブラックストラップ糖蜜 小さじ 1 杯
- 有機白砂糖 大さじ 1
- シナモン 小さじ 1/8
- ココナッツオイル 小さじ 1
- 細かく刻んだクルミ 1/4 カップ
- みじん切りにしたデーツまたはレーズン 大さじ 1
- 1/4 カップのお湯

**方向：**

a) ミキシングディッシュで、ペーストが形成されるまで、水以外のすべての材料を混ぜ合わせます。

b) 鍋の半分まで水を入れ、りんごを入れる。

c) りんごの真ん中にペーストを詰める

d) 350 度 F で 30 分間焼き、串で柔らかさをチェックします。

e) 液体を鍋に注ぎ、沸騰させてシロップにします。

f) りんごにシロップをかけてお召し上がりください。

# 6. 焼きファラフェル

収量: 8

## 材料

- 15〜19 オンス。水気を切ったひよこ豆缶
- 玉ねぎのみじん切り 1 個
- にんにく 2 片（みじん切り）
- 新鮮なパセリのみじん切り 大さじ 1
- 中力粉 大さじ 2
- 小さじ 1 杯のコリアンダー
- クミン 小さじ 1
- ベーキングパウダー 小さじ 1/2 塩こしょう
- オリーブオイル 大さじ 2

## 方向：

a) オーブンを華氏 350 度に予熱します。

b) フードプロセッサーですべての材料をブレンドして、濃厚なペースト状のコンシステンシーを形成します。

c) ピンポン大のボールに丸め、油をひいたグラタン皿に並べる。

d) 途中返しながら 15〜20 分焼きます。

# 7. クランベリーとチリのミートボール

収量: 8

## 材料

- 1 パッケージ (12 オンス) イタリアン ミートボール
- 16 オンス。クランベリーソースのゼリー缶
- 1/3 カップのチリソース
- 大さじ 1 ディジョンマスタード

## 方向：

a) クランベリーソース、チリソース、ディジョンマスタードをスロークッカーで加熱します。

b) ミートボールをソースに混ぜてコーティングします。

c) 強火で 3〜4 時間、弱火で 5〜6 時間。仕える。

# 8. エンチラーダ

収量: 4

## 材料

- 七面鳥の角切り、調理済み 1½ カップ
- ¼ カップ みじん切りネギ
- 細切りジャックチーズ 1 カップ
- 4 オンス。乾燥青唐辛子
- サワークリームまたはプレーンヨーグルト 3/4 カップ
- 油 大さじ 2
- 玉ねぎのみじん切り ½ カップ
- にんにく 1 片（みじん切り）
- チリパウダー 小さじ 2
- ⅔ カップ トマトソース
- ½ カップのチキンスープ
- クミン 小さじ 1
- 必要に応じて小さじ 1/4 の塩
- 8 コーントルティーヤ
- オイル、エクストラチーズ
- 飾り用アボカド

## 方向

a) オーブンを 375°F に予熱します。

b) 七面鳥、ねぎ、チーズ、チリ、サワークリームまたはヨーグルトを混ぜ合わせ皿に入れ、脇に置きます。

c) フライパンか鍋に油をひき、玉ねぎがしんなりするまで炒める。にんにくを加えてよく混ぜる。調理時間 1 分

d) チリパウダー、トマトソース、ブイヨン、クミン、塩を加える。時々かき混ぜながら沸騰させます。鍋を火から下ろします。

e) トルティーヤをカリカリではなく柔らかくなるまで油で揚げます。

f) 各トルティーヤに詰め物を薄く塗り、巻き上げます。

g) グラタン皿に、継ぎ目を下にして置きます。残りのトルティーヤを続けます。

h) 残りのソースを上に広げ、追加のチーズを上に広げます。

i) 10〜15 分間焼きます。

j) 飾りとしてアボカドを添えて。

## 9. ハニーバルサミコミートボール

収量: 6

## 材料

- 1 パッケージ (22 オンス) イタリアン ミートボール
- バルサミコ酢 1/2 カップ
- ケチャップ 3/4 カップ
- ブラウンシュガー 1/2 カップ
- はちみつ 1/4 カップ
- ウスターソース 大さじ 1
- 大さじ 1 ディジョンマスタード
- ガーリックパウダー 小さじ 1/4
- 塩、黒胡椒で味を調える

## 方向：

a) バルサミコ酢、ケチャップ、ブラウン シュガー、ハチミツ、ウスターソース、ディジョン マスタード、ガーリック パウダー、塩、コショウを大きな鍋に入れ、中火にかけます。時々かき混ぜながら沸騰させます。

b) 弱火で 45 分間、またはソースがとろみが出て酢の味がなくなるまで煮込みます。

c) その間に、ミートボールをパッケージの指示に従って準備します。

d) 調理したミートボールをソースに軽くかき混ぜてコーティングします。

e) つまようじですぐにお召し上がりください。

# 10. ロースト スカッシュ シード

収量: 1 1/2 カップ

## 材料

- 果肉入りどんぐりカボチャの種 2 カップ
- 大さじ1エクストラバージンオリーブオイル
- 粗塩 小さじ 1/2

## 方向：

a) オーブンを華氏 300 度に予熱します。

b) すべての材料を大きなミキシング ボウルで混ぜ合わせ、羊皮紙で裏打ちされた縁のある天板に単層で広げます。

c) 15 分ごとにかき混ぜながら、50〜60 分間、種がカリカリになり、果肉がカラメル状になるまで焼きます。

d) 完全に冷ましてからお召し上がりください

# 11. ポテトほうれん草ボール

収量: 24

## 材料

- 10 オンス。ほうれん草のみじん切り
- 残ったマッシュポテト 3 カップ
- 卵 2 個
- ナツメグ 小さじ 1/4
- 小さじ 1/4 のカイエンペッパー
- すりおろしたコショウ ジャックチーズ 1 カップ
- 中力粉 1/2 カップ
- 塩とコショウの味

## 方向：

a) オーブンを 450°F に予熱します。

b) じゃがいも、ほうれん草、卵をミキシングボウルに入れ、滑らかになるまで混ぜます。ナツメグとカイエンペッパーで味を調えます。

c) チーズと小麦粉大さじ 4 を入れます。粉が全体になじむまでかき混ぜます。

d) 残りの薄力粉を皿に盛り、塩、こしょうで味をととのえる。

e) ほうれん草の混合物から**1**インチのボールを作ります。

f) ボールに小麦粉をまぶし、用意した天板に並べます。

g) トレイを冷蔵庫で**20**分間冷やします。

h) ボールを冷蔵庫から取り出し、クッキングスプレーで軽くコーティングします。

i) **12～14**分間、またはきつね色になり固くなるまで焼きます。

j) そのまま、またはレモン汁をふりかけてお召し上がりください。

## 12. 砂糖とスパイスのナッツ

収量: 3 カップ

## 材料

- カシューナッツ 1 カップ
- ピーカンナッツ 1 カップ
- ドライローストピーナッツ 1 カップ
- 卵白 1 個
- 1/4 カップ入りのライトブラウンシュガー
- 小さじ 1/2 の挽いたシナモン
- 小さじ 1/4 の挽いた赤唐辛子
- ドライクランベリー 1/2 カップ

## 方向：

a) オーブンを 325°F に予熱します。

b) クッキングスプレーを使用して、縁のあるベーキングシートをコーティングします。

c) 大きなミキシングボウルでカシューナッツ、ピーカンナッツ、ピーナッツを混ぜ合わせます。ナッツを均等にコーティングするために卵白を入れます。

d) 砂糖、シナモン、挽いた赤唐辛子をナッツの混合物に加えます。すべてのナッツが均一にコーティングされるまでかき混ぜ、天板に単層で広げます。

e) 途中かき混ぜながら 18〜20 分焼きます。冷ます。

f) 乾燥したクランベリーをナッツと一緒にトスし、すぐにサーブします。

# 13. ベーコン風車ロール

収量: 12

## 材料

- 1 (8 オンス) パッケージのクレセント ロール
- ベーコンビッツ 1/4 カップ
- ねぎ 2 本、薄切り
- ふりかけ用パルメザンチーズ

## 方向：

a) オーブンを 375°F に予熱します。

b) 生地を広げ、縫い目を合わせます。

c) ベーコンチャンクとねぎを生地の上に広げます。

d) 1 インチの厚さのスライスに丸めてスライスします。

e) 油を塗った天板にカット面を下にして置きます。

f) 9～11 分間、または表面がきつね色になるまで焼きます。

g) オーブンからベーキングシートを取り出し、チーズをのせます。

h) すぐに奉仕します。

## 14. ビーガンセロリサラダ前菜

収量: 4

## 材料

- 細く切ったセロリの茎 1 カップ
- ピクルスのみじん切り 大さじ 1
- ビーガンマヨネーズ 大さじ 1
- ブラックオリーブ $\frac{1}{4}$ カップ
- ケッパー 大さじ 1
- 好みで黒こしょう

## 方向：

a) 大きなミキシング ボウルで、すべての材料をペースト状になるまで混ぜ合わせます。

b) クラッカーまたはレタスの葉の上に大さじ 1 杯の混合物をスプーンでのせます．

c) クラッカーにオリーブを添えるか、セロリサラダの上にレタスの葉を巻いて爪楊枝で留めます。

d) 大皿に盛る。

## 15. ローマンチーズポテトチップス

収量: 8 人前

## 材料

- 1 (8 オンス) ポテトチップス
- 細かくすりおろしたペコリーノ 1 1/2 カップ
- 粗挽き黒コショウ 大さじ 1

## 方向：

a) オーブンを華氏 425 度に予熱します。

b) 縁のある天板にポテトチップスを単層で並べます。

c) チップの上にチーズの半分を均等にふりかけます。

d) 4 分間、またはチーズが溶けてチップスの端に色が付き始めるまで焼きます。

e) オーブンから取り出し、残りのチーズとコショウをのせます。

f) サービングボウルに移す前に、冷やすために取っておきます。

# 16. スパークリング クランベリーとブリー バイツ

収量: 16 バイト

## 材料

- 2 カップの新鮮なクランベリー、すすぎ
- おいしいメープルシロップ 1 カップ
- グラニュー糖 1 カップ
- ウォータークラッカー 16 個
- 8 オンスのブリーチーズ
- クランベリーレリッシュ 1/2 カップ
- 飾り用フレッシュミント

## 方向：

a) 小鍋にシロップを熱し、クランベリーを上から注ぐ。

b) スプーンを使って優しくかき混ぜ、すべてのベリーをコーティングします。冷まして蓋をし、冷蔵庫で一晩浸します。

c) クランベリーは翌日ザルにあげておきます。

d) クランベリーの半分を砂糖で軽く覆うまで転がします。残りのクランベリーで繰り返します。

e) ベーキングシートの上に置き、1 時間乾かします。

f) 組み立てるには、クラッカーの上に、ブリーチーズ 1 枚、クランベリー チャツネの薄層、砂糖漬けのクランベリー 4 〜 5 個をのせます。

**g)** 新鮮なミントの小枝を付け合わせとして追加します。

## 17. ベーコンとチリのイチジク

収量: 8

## 材料

- スライスした5オンスのスラブベーコン
- ピュアメープルシロップ 大さじ3
- 熟した新鮮なイチジク8個、縦半分に切る
- シェリービネガー 大さじ2
- 砕いた赤唐辛子フレーク 小さじ1/2

## 方向：

a) 大きな焦げ付き防止のフライパンで、ベーコンの塊を茶色くカリカリになるまで約8～10分間調理します.取っておきます。

b) 同じフライパンにメープルシロップを入れて中火にかけます。

c) イチジクを切り口を下にして、フライパンに1枚並べます。

d) イチジクがやや柔らかくカラメルになるまで、定期的に裏返しながら約5分間調理します。

e) イチジクを切った面を上にして皿に置き、ベーコンを各イチジクの表面に押し付けます。

f) ベーコン、ペッパーフレーク、酢を加えて混ぜ合わせます。

g) 弱火にし、絶えずかき混ぜながら約1分間調理します。

## 18. フライドマッシュポテトボール

収量: 5

## 材料

- 残りのマッシュポテト 3 カップ
- 調理して砕いたベーコン 3 枚
- 細切りチェダーチーズ 2/3 カップ
- 薄切りチャイブ 大さじ 2
- ガーリックパウダー 小さじ 1/2
- コーシャーソルト
- 挽きたての黒コショウ
- 溶き卵 2 個
- 1 1/3 c。パン粉パン粉
- 植物油、揚げ物用

## 方向：

a) 大きなミキシング ボウルに調理したベーコン、チェダー チーズ、チャイブ、ガーリック パウダーを入れたマッシュ ポテトを入れ、塩とコショウで味付けします。

b) すべての成分が混ざるまでかき混ぜます。

c) 卵とパン粉を小鉢に分けます。

d) マッシュポテトの混合物を 1〜2 インチのボールをすくい、手で生地を丸めてボールにし、卵とパン粉をまぶします。

e) 大きな鋳鉄製のフライパンで、キャンディー温度計が 375° になるまで 3 インチの油を熱します。

f) ポテトボールをすべての面がきつね色になるまで、約 2 〜 3 分炒めます。

g) ペーパータオルを敷いた皿に水気を切り、塩を加えて味を整える。

## 19. サツマイモ刺し

収量: 6--8

## 材料

- さつまいも 4 個（皮をむいて薄切り）
- 溶かしバター 大さじ 2
- メープルシロップ 小さじ 1
- コーシャーソルト
- 1 (10 オンス) 袋のマシュマロ
- 1/2c。ピーカンの半分

## 方向：

a) オーブンを華氏 400 度に予熱します。
b) 大きな天板にサツマイモを溶かしバターとメープルシロップで和え、均等に並べる。塩こしょうで味を調えます。
c) 柔らかくなるまで約 20 分焼き、途中で裏返します。削除する。
d) サツマイモの輪切りにマシュマロをのせ、5 分間焼きます。
e) 各マシュマロの上に半分のピーカンナッツを添えて、すぐにお召し上がりください。

## 20. テックスメックスチーズコーンブレッド

収量: 8

## 材料

- 溶かしバター 1/2 カップ
- 1c。バターミルク
- 1/4c。蜂蜜
- 卵 2 個
- 1c。すべての目的小麦粉
- 1c。黄色いコーンミール
- ベーキングパウダー 小さじ 2 1/2
- コーシャソルト 小さじ 1/4
- 6 オンス。ペッパージャック チーズ、角切り
- みじん切りにしたチャイブ（飾り用）

## 方向：

a) 10 インチまたは 12 インチのオーブン対応フライパンにバターを塗り、オーブンを 375°に予熱します。

b) 中程度のミキシング ボウルで、バターミルク、溶かしバター、蜂蜜、卵を一緒に泡立てます。

c) 大きなミキシングディッシュに小麦粉、コーンミール、ベーキングパウダー、塩を混ぜます。湿った材料を乾いた材料の上に注ぎ、すべてがよく混ざるまで泡立てます．

d) コーンブレッド生地の半分を予熱したスキレットに広げ、その上にペッパージャックチーズをまんべんなく振りかけます。

e) 残りのバッターをチーズの上に注ぎ、均一に滑らかにします。

f) 25〜30分間、または黄金色になり完全に火が通るまで焼きます。

g) チャイブを飾り、四角に切る前に、フライパンで5分間冷まします。

## 21. チーズトルテリーニ串

収量: 8

## 材料

- 1 パッケージ (12 オンス) チーズ トルテリーニ
- チェリートマト 1 カップ
- 新鮮なモッツァレラチーズ 1 カップ
- 薄切りサラミ 1/4 ポンド
- 1/4 カップの新鮮なバジルの葉
- ダッシュバルサミコグレーズ
- 竹串 8 本

## 方向：

a) 鍋にたっぷりの湯を沸かし、トルテリーニをパッケージの表示通りに茹でる。

b) 調理済みのトルテリーニをザルに入れ、室温になるまで冷水で覆います。

c) 各アイテムを串に刺し、串の底までスライドさせます。

d) サービングする直前に、皿に串を並べ、バルサミコの釉薬をかけます。

## 22. トスカーナ風ミートボール フラットブレッド

収量: 4

## 材料

- 1 パッケージ (16 オンス) 仔牛のミートボール
- 4 つの職人のフラットブレッドクラスト
- みじん切りにしたにんにく 4 片
- 薄切り赤玉ねぎ 1 カップ
- マリナラソース 2 カップ
- オリーブオイル 大さじ 1
- 乾燥イタリアンシーズニング 小さじ 1
- 10 オンス。スライスした新鮮なモッツァレラチーズの丸太
- 4 オンス。全乳リコッタチーズ
- 薄くスライスしたフレッシュバジル 大さじ 4

## 方向：

a) オーブンを華氏 425 度に予熱します。

b) パッケージの指示に従ってミートボールを調理し、脇に置きます。

c) 大きめのソテーパンにオリーブオイルを中火で熱し、赤玉ねぎとにんにくを加え、時々かき混ぜながら透明になり香りが出るまで 4〜5 分炒める。

d) 羊皮紙を敷いたクッキーシートの上にフラットブレッドを準備します。

e) 各フラットブレッド生地に **1/2** カップのマリナラ ソースを均等に広げ、ドライ イタリアン スパイスで味付けします。

f) 各フラットブレッドに **5〜6** 枚のモッツァレラチーズをのせます。

g) 調理済みのミートボールを輪切りにし、各フラットブレッドに均等に広げます。赤玉ねぎとにんにくをミートボールに分けます。

h) フラットブレッドを **8** 分間焼きます。平たいパンをオーブンから取り出し、それぞれに大さじ **4** 杯のリコッタチーズを広げ、オーブンに戻ってさらに **2** 分間リコッタチーズを温めます．

i) オーブンからフラットブレッドを取り出し、新鮮なバジルで覆い、**2** 分間冷ます。

j) 切ってすぐにお召し上がりください。

## 23. 焼きラビオリバイト

収量: 4

## 材料

- 1 パッケージ (24 オンス) ラウンド チーズ ラビオリ
- 中力粉 1 カップ
- 全卵 2 個
- 小さじ 1 杯の 2% ミルク
- 味付けしたパン粉 2 カップ
- クッキングスプレー
- 飾り用の新鮮なパルメザン チーズ
- オプションのサービング ソース: マリナーラ、ランチ、ピザ ソース、ペスト、ウォッカ ソース。

## 方向：

a) オーブンを華氏 450 度に予熱します。

b) パッケージの指示に従ってラビオリを調理します。

c) ワイヤーラックにクッキングスプレーを塗り、ベーキングシートの上に置きます。

d) 小さなミキシングボウルで、小麦粉、卵、牛乳を混ぜます。別の小さなミキシング ボウルで、パン粉を混ぜます。

e) 各ラビオリに小麦粉をまぶし、余分な粉をはたき落とします。その後、溶き卵の混合物に粉をまぶしたラビオリをコーティングします。

f) 最後に、パン粉でラビオリを転がします。パン粉をまぶしたラビオリの両面にクッキング スプレーをスプレーしてから、ワイヤー ラックに置きます。

g) パン粉をまぶしたラビオリを 20 〜 25 分間、またはきつね色になりカリカリになるまで焼きます。

h) オーブンから取り出して、すぐにお召し上がりください。

## 24. ガーリックトーストのミートボールスライダー

収量: 8

## 材料

- 1 パッケージ (26 オンス) イタリアン ミートボール
- マリナラソース 1 瓶
- 冷凍テキサストースト 1 パック
- スライスモッツァレラチーズ 1 パック
- 8 新鮮なバジルの葉 - みじん切り

## 方向：

a) オーブンを華氏 400 度に予熱します。

b) ベーキングシートでテキサストーストピースを 4 分間焼きます．

c) オーブンから半焼きのトーストを取り出し、各スライスに大さじ 2 のマリナラ ソースを塗り、続いてミートボール 6 個とモッツァレラ チーズのスライスを塗ります。串を使って留めます。

d) さらに 6 分間焼きます。

e) 各スライスを半分に切り、バジルの葉をまぶします。

f) すぐに奉仕します。

## 25. 毛布の中の安っぽい牧場の豚

収量: 16

**材料：**

- 1 (8 オンス) 三日月形生地
- 16 スモーキーソーセージ
- マイルド チェダー チーズ 8 枚、4 等分にカット
- 溶かした有塩バター 大さじ 4
- ドライランチシーズニングミックス 小さじ 2
- すりおろしたパルメザンチーズ 大さじ 3

**方向：**

a) オーブンを華氏 400 度に予熱します。

b) 羊皮紙を使用して、大きな天板を並べます。

c) 三日月形のロール生地をめん棒で三角形に分けます。

d) 小さな三角形を 16 個作るには、各三角形を半分に切ります。

e) ソーセージをトッピングした小さな正方形のチーズを、各三角形の大きい方の端から巻き始めます。天板に並べます。

f) 小さなボウルにバターと牧場の調味料を混ぜます。三日月形の生地の上にバターを塗る

g) パルメザンチーズをふりかけます。

h) 14〜16分間、または生地がきつね色になり、よく調理されるまで焼きます. すぐにサーブ！

## 26. グリーンプロテインスナックポット

**材料：**

- 8オンス。枝豆、冷凍。
- 8オンス。エンドウ豆、冷凍。
- ごま 大さじ4。
- しょうゆ（減塩）大さじ4。
- お好みでチリソース。
- コリアンダー、オプション。

**方向：**

a) 冷凍エンドウ豆と枝豆を電子レンジ対応のボウルに入れます。水を少し入れ、電子レンジで約30秒解凍して室温に戻します。

b) 小さな容器、ポット、または容器に、エンドウ豆と豆と一緒に種を入れます．

c) 食べる前に醤油、唐辛子、コリアンダーをかき混ぜます。楽しみ！

## 27. キノアマフィンバイト

**材料：**

- 準備されたキノア 1 1/2 カップ。
- 卵 2 個、泡立てた。
- 1/2 カップのサツマイモのピューレ．
- 1/2 カップの黒豆．
- コリアンダーのみじん切り 大さじ 1。
- クミン小さじ 1。
- パプリカ小さじ 1。
- 小さじ 1/2 のガーリックパウダー。
- 小さじ 1/2 の塩。
- 小さじ 1/8 の黒コショウ。
- クッキングスプレー。

**方向：**

a) オーブンを 350°F に予熱します。すべての材料を大きなボウルに加え、すべてが溶けるまで混ぜます。

b) 大さじを使って混合物をマフィン型にスプーンで入れ、それぞれの上部を軽くたたきます。火が通るまで焼き、約 15～20 分間一緒に保持します．

## 28. ビーガンプロテインバー

**材料：**

- 1/3 カップのアマランス。
- バニラまたは無香料のビーガン プロテイン パウダー 大さじ 3 杯。
- 1 1/2-2 大さじ メープルシロップ．
- ビロードのような塩味のピーナッツまたはアーモンドバター 1 カップ
- 溶かしたダークビーガンチョコレート 大さじ 2〜3。

**方向：**

a) 大きな鍋を中強火で加熱して、アマランスをポップします。

b) ピーナッツバターまたはアーモンドバターとメープルシロップを中程度のミキシングボウルに加え、かき混ぜて一体化させます。

c) プロテインパウダーを加えてかき混ぜます。

d) ゆるい「生地」のテクスチャーになるまで、一度に少しずつポップアマランスを含めます．入れすぎないように注意してください。そうしないと、バーが粘着性を失い、くっつかなくなります。

e) 混合物をグラタン皿に移し、押し下げて均一な層を形成します。羊皮紙またはラップを上に置き、液体計量カップのような底が平らなものを使用して、混合物を押し下げて、均一で強く充填された層に入れます．

f) 冷凍庫に移して 10 〜 15 分間、または会社が触るまでセットします。次に引き上げて 9 本のバーにスライスします。そのままお召し上がりいただくか、溶かしたダーク チョコレートを少し添えてください。

g) 常温で少し柔らかくなりますので、冷蔵庫（約 5 日）または冷凍庫で保存してください。

## 29. PBとJエナジーバイト

**材料:**

- ビロードのような塩味のピーナッツバター 1/2 カップ。
- 1/4 カップのメープルシロップ。
- ビーガンプロテインパウダー 大さじ 2。
- グルテンフリーのロールドオーツ 1 1/4 カップ。
- 2 1/2 大さじの亜麻仁粉.
- チアシード 大さじ 2。
- ドライフルーツ 1/4 カップ。

**方向:**

a) 大きなミキシング ボウルに、ピーナッツ バター、メープル シロップ、プロテイン パウダー、ロールド オート麦、亜麻仁粉、チアシード、オプションのドライ フルーツを入れます。乾燥しすぎたり砕けたりする場合は、ピーナッツ バターまたはメープル シロップを追加します。

b) 冷蔵庫で 5 分冷やす。大さじ 1 1/2 の量をすくい取り、ボールに転がします。「生地」は約 13〜14 個のボールを生み出す必要があります.

c) すぐに召し上がれ、残り物は冷蔵庫で 1 週間、または冷凍庫で約 1 か月間、密封して保管してください。

## 30. ローストニンジンフムス

**材料:**

- ひよこ豆1缶、すすぎ、水気を切る。
- にんじん3本。
- にんにく1かけ。
- パプリカ小さじ1。
- タヒニ大さじ1杯。
- レモン1個分の果汁
- 追加のバージン オリーブ オイル大さじ2杯。
- 水大さじ6。
- クミンパウダー 小さじ1/2。
- 味に塩。

**方向:**

a) オーブンを華氏400度に予熱します。ニンジンを洗って皮をむき、細かく切り、ベーキング トレイに置き、オリーブ オイルの霧雨、塩ひとつまみ、小さじ半分のパプリカを添えます。にんじんが柔らかくなるまで約35分焼きます。

b) オーブンから取り出して冷まします。

c) それらが冷めている間に、フムスを準備します。ひよこ豆を洗ってよく水気を切り、残りの有効成分と一緒にフードミルに入れ、よく混ざった混合物が見えるまで手順を実行します．次ににんじんとにんにくを加えて、手順をもう一度！

# 31. パフキノアバー

## 材料：

- ココナッツオイル 大さじ 3。
- 生カカオパウダー 1/2 カップ。
- 1/3 カップのメープルシロップ。
- タヒニ 大さじ 1
- 小さじ 1 杯のシナモン。
- バニラパウダー小さじ 1。
- 海塩。

## 方向：

a) 小さな鍋にココナッツオイル、生カカオ、タヒニ、シナモン、メープルシー、シロップ、バニラソルトを弱めの中火で溶かし、濃厚なチョコレート混合物になるまで混ぜます。

b) ポップしたキヌアにチョコレートソースをかけ、よく混ぜます。大さじ一杯のチョコレートクリスピーを小さなベーキングカップにすくって入れます。

c) 冷凍庫に最低 20 分間入れて固めます。冷凍庫で保存して召し上がれ！

## 32. むき枝豆のディップ

材料：

- スライスした赤玉ねぎ 1/2 カップ。
- 1 ライムのジュース。
- 海塩。
- 一握りのコリアンダー。
- さいの目に切ったトマト (オプション)。
- チリフレーク。

方向：

a) タマネギをブレンダーで数秒間パルスするだけです。次に、残りの有効成分を加え、枝豆が大きく混ざるまでパルスします。

b) トーストに塗ったり、サンドイッチにしたり、ディップやペストソースとしてお楽しみください！

# 33. 抹茶カシューカップ

**材料:**

- 2/3 カップのカカオバター．
- 3/4 カップのカカオパウダー．
- 1/3 カップのメープルシロップ。
- 1/2 カップのカシューバター、またはお好みで。
- 抹茶パウダー小さじ 2。
- 海塩。

**方向:**

a) 小さな鍋に 1/3 カップの水を入れ、その上にボウルを置き、鍋を覆います．ボウルが熱くなり、下の水が沸騰したら、ボウルの中のカカオバターを溶かし、火にかけます．溶けたら火からおろし、メープルシロップとカカオパウダーをチョコレートにとろみがつくまで数分間かき混ぜます。

b) 中型のカップケーキホルダーを使って、一番下の層に大さじ一杯のチョコレートミックスを入れます。すべてのカップケーキホルダーを満たしたら、冷凍庫に 15 分間入れて固まらせます。

c) 冷凍チョコレートを冷凍庫から取り出し、大さじ 1 杯分の抹茶/カシューバター生地を冷凍チョコレート層の上にのせます。これが完了したらすぐに、溶けたままのチョコレートを各塊の上に注ぎ、すべてを覆うようにします．海塩をまぶして、冷凍庫で 15 分寝かせます。

## 34. ひよこ豆のチョコスライス

**材料:**

- ひよこ豆 400g 缶、すすぎ、水気を切る。
- アーモンドバター 250g。
- メープルシロップ 70ml。
- バニラペースト 15ml。
- 塩ひとつまみ。
- ベーキングパウダー 2g。
- 重曹 2g。
- ビーガンチョコチップ 40g。

**方向:**

a) オーブンを 180°C/350°F に予熱します。

b) 大きなベーキングパンにココナッツオイルを塗ります。

c) ひよこ豆、アーモンド バター、メープル シロップ、バニラ、塩、ベーキング パウダー、ベーキング ソーダをフード ブレンダーで混ぜます。

d) 滑らかになるまでブレンドします。チョコレートチップの半分をかき混ぜ、準備したベーキングパンに生地を広げます．

e) 予約したチョコレートチップをふりかけます。

f) 45〜50 分間、またはつまようじを刺してもきれいになるまで焼きます。

g) ワイヤーラックで 20 分間冷やします。スライスしてサーブします。

## 35. バナナバー

**材料:**
- 滑らかなピーナッツバター 130g。
- メープルシロップ 60ml。
- 1 バナナ、マッシュ。
- 45ml の水。
- 亜麻仁 15g。
- 調理済みキノア 95 g。
- チアシード 25g
- バニラ 5ml。
- クイッククッキングオーツ 90g。
- 全粒粉 55g。
- ベーキングパウダー 5g。
- シナモン 5g。
- 塩ひとつまみ。

**トッピング:**
- 溶かしたココナッツオイル 5ml
- 30 g ビーガン チョコレート、みじん切り。

**方向:**

a) オーブンを 180° C/350° F に予熱します。

b) 16cm のグラタン皿にパーチメント紙を並べます。

c) 小さなボウルに亜麻仁と水を混ぜます。**10** 分置いておきます。

d) 別のボウルにピーナッツバター、メープルシロップ、バナナを入れて混ぜる。亜麻仁の混合物を入れます。

e) 滑らかな混合物ができたら、キノア、チアシード、バニラエッセンス、オーツ麦、全粒粉、ベーキングパウダー、シナモン、塩を入れてかき混ぜます．

f) 生地を準備したグラタン皿に注ぎます。**8** つのバーにカットします。

g) バーを **30** 分間焼きます。

h) その間にトッピングを作ります。耐熱ボウルにチョコレートとココナッツオイルを混ぜます。溶けるまで、沸騰したお湯の上に置きます。

i) オーブンからバーを取り出します。ワイヤーラックに **15** 分間置いて冷まします。ベーキングディッシュからバーを取り出し、チョコレートをトッピングします。仕える。

## 36. プロテインドーナツ

**材料:**

- ココナッツ粉 85g。
- バニラ風味の発芽玄米プロテインパウダー110g。
- アーモンド粉 25g。
- メープルシュガー50g。
- 溶かしたココナッツオイル 30ml
- ベーキングパウダー 8g。
- 豆乳 115ml。
- 小さじ 1/2 のアップルサイダービネガー.
- 小さじ 1/2 のバニラペースト.
- 小さじ 1/2 のシナモン。
- オーガニックアップルソース 30ml

**追加:**

- ココナッツシュガー 30g。
- シナモン 10g。

**方向:**

a) ボウルに、すべての乾燥成分を混ぜます。

b) 別のボウルで、ミルクをアップルソース、ココナッツ オイル、サイダービネガーと一緒に泡だて器で混ぜます。

c) 湿った材料をたたんで乾かし、完全に混ざるまでかき混ぜます。

d) オーブンを **180° C/350° F** に加熱し、**10** 穴のドーナツ型にグリースを塗ります。

e) 準備したバッターを油を塗ったドーナツ型にスプーンで入れます。

f) ドーナツを **15〜20** 分間焼きます。

g) ドーナツがまだ温かいうちに、ココナッツシュガーとシナモンをふりかけます。温かいうちにお召し上がりください。

## 37. クッキーアーモンドボール

**材料:**

- 100gのアーモンドミール.
- バニラ風味のライスプロテインパウダー60g。
- アーモンドバターまたはナッツバター 80g
- ステビア 10 滴。
- ココナッツオイル 15ml
- ココナッツクリーム 15g。
- ビーガンチョコチップ 40g。

**方向:**

a) 大きなボウルにアーモンドミールとプロテインパウダーを混ぜます。

b) アーモンドバター、ステビア、ココナッツオイル、ココナッツクリームを入れます。

c) 混合物がもろすぎる場合は、水を追加します。刻んだチョコレートを入れて混ぜ合わせる。

d) 混合物を16個のボールに成形します。

e) ボールをさらにアーモンド粉に転がすことができます。

## 38. はちみつごま豆腐

**材料:**

- 12 オンスの超硬豆腐の水気を切り、軽くたたいて乾かします。
- オイルまたはクッキングスプレー。
- 減塩醤油またはたまり 大さじ 2。
- にんにく 3 かけ、みじん切り。
- 蜂蜜大さじ 1。
- すりおろした皮をむいた生姜大さじ 1。
- 炒りごま油小さじ 1。
- 1 ポンドのサヤインゲン、トリミング.
- オリーブオイル大さじ 2。
- 赤唐辛子フレーク 小さじ 1/4（お好みで）。
- コーシャーソルト。
- 挽きたての黒こしょう。
- 中ネギ 1 本、非常に細かくスライス。
- ごま 小さじ 1/4。

**方向:**

a) 10〜30 分放置します。大きなボウルに醤油またはたまり、にんにく、はちみつ、しょうが、ごま油を入れてよく混ぜます。脇に置きます。

b) 豆腐を三角形に切り、準備した天板の半分に単層で配置します。醤油の混合物で霧雨。底がきつね色になるまで、**12～13**分焼きます。

c) 豆腐をひっくり返す。天板の残りの半分にインゲンを単層で置きます。オリーブオイルを振りかけ、赤唐辛子フレークをスプレーします。塩こしょうで味を調えます。

d) オーブンに戻し、豆腐の裏面がきつね色になるまで、さらに**10 ～ 12**分焼きます。ネギとゴマをまぶして、すぐに召し上がれ。

## 39. スパイシーピクルスペッパー

# 材料

- 白ワインビネガー 4 カップ
- はちみつ大さじ 2
- ジュニパーベリー 小さじ 1
- クローブ丸ごと小さじ 1 杯
- 黒こしょう 小さじ 2
- 乾燥月桂樹の葉 2 枚
- 3/4 ポンドのフレズノ チリ (赤ハラペーニョ ペッパー)、すすぎ、茎を残したまま

# 方向

a) ビネガー、ハチミツ、ジュニパーベリー、クローブ、ペッパーコーン、月桂樹の葉を中型の鍋に入れ、液体を強火で煮詰めます。火を弱め、塩水を 10 分間煮て味をなじませます。チリを加え、強火にして塩水を沸騰させます。火を弱め、チリが少し柔らかくなるまで煮ますが、形状は保持されます。4〜6 分.

b) 火を止め、チリを脇に置いてブラインで冷やします。チリを使用するか、ブライン液と一緒に気密容器に移し、最大数週間冷蔵します。

# 40. スクオーラ ディ ピザ

# 方向

a) 作りたいピザを選び、必要な材料をすべて準備します。

b) オーブンからオーブンラックを取り外し、オーブンの床にピザストーンを置きます。ピザストーンは熱を吸収して均一に分散させるので、サクサクした皮を作ることができます。極度の熱で割れない高品質の石を購入してください。いざという時は厚めの天板の裏を使います。

c) オーブンとストーンを華氏 500 度、またはオーブンの温度と同じくらいの温度に少なくとも 1 時間予熱します。

d) オリーブ オイル、コーシャ ソルト、選択したピザを作るのに必要な材料が入ったボウルを含むピザ ステーションを作成します。

e) あなたのカウンタートップにほこりを払う準備ができている小麦粉のボウルを用意してください．

f) ピザの皮にほこりを払う準備ができているセモリナ粉のボウル、長いハンドルとピザをオーブンに出し入れするための大きくて平らな金属または木製の表面を備えたツールを用意します。

g) 生地の準備ができたら、作業面にたっぷりと打ち粉をし、打ち粉をした面の中央に生地を 1 ラウンド置きます。生地に小麦粉を軽くまぶします。

h) ピアノの鍵盤をたたくように指先を使って、生地の中央を軽くたたき、わずかに平らにします。

i) 生地を手に取り、両方のこぶしでボールを握り、こぶしを体に向けて、生地の上端をこぶしの上に置き、丸みが手の甲に沿って下向きに伸びるようにします。

j) 時計の針のようにこぶしの周りで生地の円を動かし、生地が下に伸び続けて円になります。

k) 生地が直径10cmくらいに伸びたら、打ち粉をした台に並べる。

l) 生地の縁にオリーブオイルを刷毛でぬり、生地の表面にコーシャーソルトをふりかけます。

m) 縁にソースやトッピングがない1インチの縁を残すように、ピザをドレスアップします。

n) ピザの皮にセモリナ粉をまぶし、ピザの皮をピザの下に押し込みます。生地を引き裂いたり形を崩したりする可能性は、皮を数回押した場合よりも、1回の十分な押し込みで少なくなります。ピザの形が崩れている場合は、皮をむいて形を整えます。皮を軽く振って、生地がオーブンで簡単に剥がれるかどうかを確認します。皮にくっついている場合は、生地の片面を慎重に持ち上げ、その下にセモリナ粉を追加します。クラスト全体の下にセモリナ粉ができるまで、いくつかの異なる角度からこれを行います。

o) オーブンのドアを開けて、予熱したピザストーンの上に生地を滑り込ませます。再び思い切って動かし、ピールを手前に引いてピザを石の上に置きます。

p) ピザがきつね色になり、コーニスまたは縁がカリカリになり、水ぶくれができるまで、8～12分焼きます。調理時間はオーブンのパワーによって異なります。

q) ピザがオーブンに入っている間、清潔で乾いたまな板のスペースを空けるか、アルミ製のピザをカウンターに置いて、焼きたてのピザを置きます。

r) ピザが完成したら、皮をクラストの下にスライドさせ、オーブンから取り出し、まな板または円形に置きます．

s) ローリングピザカッターを使用してピザをカットします。ピッツェリアではピザを4つにカットしますが、パーティーの場合は6つまたは8つにカットして、ゲストが熱いうちにピザをスライスできるようにすることがよくあります．

## 41. ペペロナータとオレガノのブリコッタ

ピザを1枚作る

## 材料

- ピザ生地1ラウンド
- 大さじ1エクストラバージンオリーブオイル
- コーシャーソルト
- ペペロナータ1カップ
- 4オンスのブリコッタ、4等分にカット、または新鮮なリコッタ
- 小さじ1杯の新鮮なオレガノの葉
- エキストラバージンオリーブオイル
- 海塩 大さじ1

## 方向

a) 生地を準備して伸ばし、オーブンを予熱します。

b) 生地の縁にオリーブオイルを塗り、表面全体に塩をふる。ピザの上にペペロナータを広げ、トッピングなしで1インチの縁を残します。リコッタチーズを使用する場合は、ボウルに入れ、よくかき混ぜてふんわりさせます。

c) ブリコッタチーズの一部をピザの各四分円に入れるか、スプーンでリコッタチーズを入れます。ピザをオーブンにスライドさせ、クラストがきつね色になりカリカリになるまで、8〜12

分焼きます。オーブンからピザを取り出し、チーズを切らないように注意しながら **4** 等分に切ります。

**d)** ピザの上にオレガノの葉を散らし、仕上げ用のオリーブオイルをチーズの上に振りかけ、海塩を振りかけます．

## 42. ポテト、エッグ、ベーコン

## 材料

- 3 オンスの小さなユーコン ゴールド ポテト (約 1 と 1/2 ポテト)
- ピザ生地 1 ラウンド
- 大さじ 1 エクストラバージンオリーブオイル
- コーシャーソルト
- 2 オンスの低水分モッツァレラチーズを 1/2 インチの立方体にカット
- 3 オンスのシュレッド ソットセネレ アル タルトゥフォ
- 1 オンスのフォンティーナ、1/2 インチの立方体にカット
- ねぎ 4 本、薄切り
- アップルウッドで燻製した厚切りベーコン 2 枚
- 新鮮なタイムの葉 小さじ 1 と 1/2
- 特大産直卵 1 個
- 薄片状の海塩

## 方向

a) じゃがいもをフォークで簡単に突き刺せるまで約 20 分間蒸します。じゃがいもを取り出し、触れるくらいに冷めるまで置いておきます。小さくて鋭いナイフを使ってじゃがいもの皮をむき、皮を捨てます。

b) じゃがいもを厚さ **1/4** インチの輪切りにし、小さなボウルに入れます。じゃがいもを使用するか、室温まで冷まして密閉容器に移し、最大 **2** 日間冷蔵します。

c) 生地を準備して伸ばし、オーブンを予熱します。

d) 生地の縁にオリーブオイルを塗り、表面全体に塩をふる。ピザの表面にモッツァレラチーズ、ソットセネレ、フォンティーナのキューブを散らします。

e) チーズの上にネギのスライスを散らし、その上にジャガイモのスライスを置き、ジャガイモのスライスに塩を振りかけます。ベーコンスライスを横に半分に切り、半分をピザの各象限に置きます. 小さじ **1** 杯のタイムの葉をピザの上に振りかけ、ピザをオーブンに **5** 分間、またはピザが半分調理されるまで置きます. 小さなボウルに卵を割り入れ、ピザをオーブンから取り出し、卵をピザの中央に滑り込ませます。クラストがきつね色になるまで、ピザをオーブンに **5〜7** 分戻します。オーブンからピザを取り出し、**4** つに切り、卵の端で止めてそのままにしておき、ピザの各スライスにベーコンが入っていることを確認します.

f) 卵に海塩をふりかけ、残りのタイムの葉をピザの上にふりかけて、サーブします。

**43.** アーティチョーク、レモン、オリーブのストラッキーノ

## 材料

### アーティチョークのために

- レモン 1 個
- 4 オンスのベビー アーティチョーク (アーティチョーク 2 ～ 3 個)
- 大さじ 1 エクストラバージンオリーブオイル
- 薄くスライスした新鮮なイタリアンパセリの葉 大さじ 1
- にんにく大 1 片 (細かく刻む)

### ピザ用

- ピザ生地 1 ラウンド
- 大さじ 1 エクストラバージンオリーブオイル
- コーシャーソルト
- 2 オンスの Stracchino、小さなチャンクに引き裂く
- 1/2 オンスの低水分モッツァレラチーズを 1/2 インチの立方体にカット
- 1 オンスのピットタッジャッシュまたはニーソワーズオリーブ
- 小さじ 1 杯の薄くスライスした新鮮なイタリアンパセリの葉
- レモン 1 個
- パルミジャーノ・レッジャーノのくさび、おろし用

- ルッコラ 1/2 カップ（できれば野生のルッコラ）

## 方向

a) アーティチョークを準備するには、大きなボウルに水を入れます。レモンを半分に切り、果汁を水に入れ、半分に切ったレモンを水に落とします。

b) 薄緑色の中心だけが残るまで、アーティチョークから外側の葉を取り除きます。丈夫な茎の端を切り取り、1〜2インチほど残します。野菜の皮むき器または小さな鋭利なナイフを使用して、アーティチョークの茎を削り、薄緑色の内側の茎を露出させます。葉の先端を1/2インチから3/4インチ切り取り、上部が平らになるようにし、切り取った葉と切れ端をすべて捨てます。

c) 底の上を切ってすべての葉を解放し、葉をほぐして酸性水に入れ、葉が茶色にならないようにします．茎を薄くスライスし、酸性水に加えます。アーティチョークを事前に準備するには、酸性水と一緒に気密容器に移し、使用する準備ができるまで、または最大2日間冷蔵します．葉と茎を水気を切ります。ボウルを乾かし、アーティチョークをボウルに戻します。オリーブオイル、パセリ、にんにくを加えて混ぜ、アーティチョークに調味料をからませる。

d) ピザを準備するには、生地を準備して伸ばし、オーブンを予熱します。

e) 生地の縁にオリーブオイルを塗り、表面全体に塩をふる。アーティチョークの葉をピザの表面に散らしてカバーし、トッピングなしでピザの1インチの縁を残します。アーティチョークの

葉の上にストラッキーノ、モッツァレラチーズ、オリーブを散らします。ピザをオーブンにスライドさせ、チーズが溶けてクラストがきつね色になりクリスピーになるまで、**8 ～ 12 分**焼きます。ピザをオーブンから取り出し、**4** 等分に切ります。

f) ピザの上にパセリをふりかけ、マイクロプレーンまたは別の細かいおろし器を使用して、表面にレモンの皮をすりおろします。

g) ピザの上にパルミジャーノ・レッジャーノを軽くすりおろし、その上にルッコラを散らして出来上がり。

## 44. ビアンカとフォンティーナ、モッツァレラ、セージ

## 材料

- エキストラバージン オリーブ オイル 大さじ 1 と、セージの葉を揚げるために追加
- コーシャーソルト
- 新鮮なセージの葉 1/4 カップと、みじん切りにした新鮮なセージの葉小さじ 1 杯
- 1 ラウンドのピザ生地
- ホイップクリーム 大さじ 2 杯
- 3 1/2 オンスのソットセネレ アル タルトゥフォ、細切り
- 1 オンスのフォンティーナ、1/2 インチの立方体にカット
- 1 オンスの低水分モッツァレラチーズを 1/2 インチの立方体にカット

## 方向

a) 小さなフライパンまたは鍋に十分な量のオリーブ オイルを 1 インチの深さまで注ぎ、小さな皿にペーパー タオルを並べます。油を中火から強火にかけて、塩ひとつまみを落としたときにジュージューと音がするまで加熱します。セージの葉を丸ごと加えて約 30 秒間、カリカリと鮮やかな緑色になるまで炒めます。

b) 穴あきスプーンを使ってオイルからセージを取り除き、ペーパー タオルに移して水気を切り、塩で味付けします。

c) 細かいメッシュのストレーナーでセージを注入したオイルをこし、別の機会にセージを揚げるか、グリルした肉や野菜の上に霧雨を降らせるために取っておきます．セージは数時間前まで揚げることができます。室温で気密容器に保管してください。

d) 生地を準備して伸ばし、オーブンを予熱します。

e) 生地の縁にオリーブオイル大さじ **1** を塗り、表面全体に塩をふる。生地の中央にクリームをスプーンでのせ、スプーンの背を使って生地の表面に広げ、クリームのない **1** インチの縁を残します。

f) みじん切りにしたセージをクリームの上にふりかけ、細かく刻んだソットセネレをかぶせ、ピザの上にフォンティーナとモッツァレラチーズのキューブを散らします。ピザをオーブンにスライドさせ、チーズが溶けてクラストがきつね色になりクリスピーになるまで、**8** 〜 **12** 分焼きます。

g) オーブンからピザを取り出し、慎重にお皿に傾けて余分な油を切ります。油を捨てる。ピザを **4** つに切り、揚げたセージの葉を表面に散らして、サーブします．

## 45. ピザボール

サービング: 10

**材料:**

- 砕いた挽いたソーセージ 1 ポンド
- ビスクイックミックス 2 カップ
- 玉ねぎのみじん切り 1 個
- にんにくのみじん切り 3 片
- $\frac{3}{4}$ 小さじイタリアンシーズニング
- 細切りモッツァレラチーズ 2 カップ
- ピザソース $1\frac{1}{2}$ カップ - 分割
- $\frac{1}{4}$ カップのパルメザンチーズ

**方向:**

a) オーブンを華氏 400 度に予熱します。

b) 焦げ付き防止のクッキングスプレーを吹き付けて天板を準備します。

c) ソーセージ、ビスクイックミックス、玉ねぎ、にんにく、イタリアンシーズニング、モッツァレラチーズ、12 カップのピザソースをミキシングボウルで混ぜます。

d) その後、作業しやすい程度の水を加えてください。

e) 生地を 1 インチのボールに丸めます。

f) ピザボールの上にパルメザンチーズをまぶします。

g) その後、準備した天板にボールを置きます。

h) オーブンを 350°F に予熱し、20 分間焼きます。

i) サイドに残ったピザソースをディップしてお召し上がりください。

## 46. イタリアンチキンペストリーバイト

サービング：8 束

## 成分

- クレセントロール 1 缶（8 巻）
- 刻んだ調理済みチキン 1 カップ
- スパゲッティソース 大さじ 1
- にんにくのみじん切り 小さじ $\frac{1}{2}$
- モッツァレラチーズ 大さじ 1

## 方向：

a) オーブンを華氏 350 度に予熱します。フライパンに鶏肉、ソース、にんにくを入れ、火が通るまで炒める。

b) 別の三日月ロールから作られた三角形。鶏肉の混合物を各三角形の中央に配置します。

c) 必要に応じて、チーズを同様の方法で分配します。

d) ロールの両端をつまんで鶏肉に巻きつけます。

e) ベーキングストーンで、15 分間、または黄金色になるまで焼きます．

## 47. アランチーニボール

18 にします

## 材料

- オリーブオイル 大さじ 2
- 無塩バター 15g
- 玉ねぎ 1 個、細かく刻んだ
- にんにく大 1 片（みじん切り）
- リゾットライス 350g
- 辛口白ワイン 150ml
- ホットチキンまたはベジストック 1.2L
- 細かくすりおろしたパルメザンチーズ 150g
- レモン 1 個
- ボールモッツァレラチーズ 150g 18 等分にカット
- 植物油、揚げ物用

**コーティング用**

- 薄力粉 150g
- 軽く溶いた大きな卵 3 個
- 乾燥パン粉 150g

**方向：**

a) 鍋に油とバターを入れ、泡立つまで加熱する。玉ねぎとひとつまみの塩を加え、弱火で 15 分間、または柔らかく半透明になるまで調理します。

b) にんにくを加えたらさらに 1 分煮る。

c) 米を加えてさらに 1 分間煮込み、酒を加えます。液体を沸騰させ、半分になるまで調理します。

d) ストックの半分を注ぎ、ほとんどの液体が吸収されるまで混ぜ続けます。

e) 米が水分を吸収するので、残りの出汁を一度に柄杓一杯ずつ加え、絶えずかき混ぜながら米に火が通るまで炊きます。

f) パルメザンチーズとレモンの皮を加え、塩こしょうで味を調えます。リゾットを縁付きトレイに置き、室温まで冷まします。

g) 冷やしたリゾットを 18 等分し、それぞれがゴルフ ボールくらいの大きさになります。

h) 手のひらでリゾットボールを平らにし、中央にモッツァレラチーズを置き、チーズをご飯で包み、ボールにします．

i) 残りのリゾットボールも同様に。

j) 3 つの浅い皿で、小麦粉、卵、パン粉を混ぜ合わせます。各リゾットボールは、最初に小麦粉をまぶし、次に卵に浸し、最後にパン粉に浸します．お皿に並べて片付ける。

k) 大きくて底の厚い鍋に植物油を半分ほど入れ、調理用温度計が 170°C になるまで、またはパンの切れ端が 45 秒できつね色になるまで中火から弱火で加熱します。

l) リゾット ボールを数回に分けて油の中に入れ、8 ～ 10 分間、または黄金色になり中心が溶けるまで揚げます。

m) きれいなキッチンタオルを敷いたトレイに置き、脇に置きます。

n) アランチーニを温かい状態で、またはシンプルなトマトソースに浸してお召し上がりください。

## 48. イタリアン・ナチョス

サービング：1

## 材料

### アルフレドソース添え

- 1カップハーフアンドハーフ
- 生クリーム 1カップ
- 無塩バター 大さじ2
- みじん切りにしたにんにく 2かけ
- パルメザンチーズ 1/2カップ
- 塩とコショウ
- 小麦粉 大さじ2

### ナチョス

- 三角に切ったワンタンの皮
- 1鶏肉を茹でて細切りにする
- ピーマンのソテー
- モツァレラチーズ
- オリーブ
- パセリのみじん切り
- パルメザンチーズ
- ピーナッツまたはキャノーラを揚げるための油

**方向:**

a) ソース鍋に無塩バターを入れて中火で溶かす。

b) バターがすべて溶けるまでにんにくをかき混ぜます。

c) 小麦粉を素早く加え、まとまって黄金色になるまで絶えず泡だて器で混ぜます。

d) ミキシングボウルで、生クリームとハーフアンドハーフを混ぜ合わせます。

e) 沸騰したら弱火にし、とろみがつくまで 8〜10 分煮る。

f) 塩こしょうで味を調えます。

g) ワンタン：大きなフライパンに油をひき、中火で約 1/3 まで熱します。

h) ワンタンを 1 つずつ加え、底がギリギリ黄金色になるまで加熱したら、ひっくり返してもう片面も焼きます。

i) 排水口の上にペーパータオルを置きます。

j) オーブンを華氏 350 度に予熱し、天板に羊皮紙を敷き、続いてワンタンを並べます.

k) その上にアルフレッドソース、チキン、ピーマン、モッツァレラチーズをのせる。

l) オーブンのブロイラーの下に 5〜8 分間、またはチーズが完全に溶けるまで置きます。

## 49. イタリアン ペパロニ ロールアップ

サービング 35

**材料**

- 5 10" 小麦粉のトルティーヤ (ほうれん草の天日干しトマトまたは白粉)
- 16 オンスのクリームチーズを柔らかくする
- にんにくのみじん切り 小さじ 2
- サワークリーム 1/2 カップ
- パルメザンチーズ 1/2 カップ
- 1/2 カップ イタリアンシュレッドチーズまたはモッツァレラチーズ
- イタリアンシーズニング 小さじ 2
- 16 オンスのペパロニ スライス
- 細かく刻んだ黄色とオレンジ色のピーマン 3/4 カップ
- 細かく刻んだ新鮮なキノコ 1/2 カップ

**方向:**

a) ミキシングボウルで、クリームチーズを滑らかになるまで叩きます。にんにく、サワークリーム、チーズ、イタリアンシーズニングをミキシングボウルで混ぜ合わせます。すべてがよく混ざるまで混ぜます。

b) 5 枚の小麦粉のトルティーヤの間に混合物を均等に広げます。トルティーヤ全体をチーズ混合物で覆います。

c) チーズ混合物の上にペパロニ層を置きます。

d) ペパロニに粗くスライスしたピーマンとマッシュルームを重ねます。

e) 各トルティーヤをしっかりと巻き、ラップで包みます。

f) 冷蔵庫で最低2時間寝かせます。

## 50. サラミ入りチーズガレット

5人前

**材料:**

- バター 130g
- 小麦粉 300g
- 小さじ 1 の塩
- 卵 1 個
- 牛乳 80ml
- 酢小さじ 1/2

**充填:**

- トマト 1 個
- ピーマン 1 個
- ズッキーニ
- サラミ
- モッツァレラ
- オリーブオイル 大さじ 1
- ハーブ(タイム、バジル、ほうれん草など)

**方向:**

a) バターを立方体にします。

b) ボウルまたはフライパンに油、小麦粉、塩を入れて混ぜ合わせ、ナイフで刻む。

c) 卵、酢、牛乳を入れます。

d) 生地をこね始めます。丸めてラップに包んだら冷蔵庫で 30 分冷やす。

e) フィリングの材料をすべて切る。

f) ベーキングシート（モッツァレラチーズを除く）の上に広げた生地の大きな円の中央に詰め物を置きます．

g) オリーブオイルをまぶし、塩、こしょうで味をととのえる。

h) 次に、生地の端を慎重に持ち上げ、重なった部分に巻き付けて、軽く押し込みます．

i) オーブンを 200℃に予熱し、35 分焼きます。焼き時間の 10 分前にモッツァレラチーズを加え、焼き続けます。

j) すぐにサーブ！

## 51. モッツァレラチーズのフリッターとスパゲッティ

## 成分

- にんにく 2 かけ
- 生パセリ 1 束
- 3 サラダタマネギ; 薄切り
- 豚ひき肉 225g
- すりおろしたてのパルメザンチーズ 大さじ 2
- オリーブオイル 大さじ 1
- スパゲッティまたはタリアテッレ 150 グラム
- ホットビーフストック 100 ミリリットル
- トマト缶 400g
- 砂糖 ひとつまみ 醤油 少々
- 塩とコショウ
- 卵 1 個
- オリーブオイル 大さじ 1
- 牛乳 75 ミリリットル
- 薄力粉 50g
- 燻製モッツァレラ 150g
- ひまわり油; 揚げ物用

- レモン 1 個

**方向:**

a) にんにくはみじん切り、パセリはみじん切りにする。ひき肉、サラダ用玉ねぎ、にんにく、パルメザンチーズ、パセリを混ぜ合わせ、たっぷりの塩こしょうで味を調えます。

b) 8つの固いボールに形を整えます。

c) ミートボールをよく焼き色がつくまで焼きます。ストックを注ぎます。

d) 沸騰した塩水を入れた大きな鍋でパスタを茹でます。

## 52. チーズトルテリーニ串

収量: 8

## 材料

- 1 パッケージ (12 オンス) チーズ トルテリーニ
- チェリートマト 1 カップ
- 新鮮なモッツァレラチーズ 1 カップ
- 薄切りサラミ 1/4 ポンド
- 1/4 カップの新鮮なバジルの葉
- ダッシュバルサミコグレーズ
- 竹串 8 本

## 方向：

a) 鍋にたっぷりの湯を沸かし、トルテリーニをパッケージの表示通りに茹でる。

b) 調理済みのトルテリーニをザルに入れ、室温になるまで冷水で覆います。

c) 各アイテムを串に刺し、串の底までスライドさせます。サービングする直前に、皿に串を並べ、バルサミコの釉薬をかけます。

## 53. トスカーナ風ミートボール フラットブレッド

収量: 4

## 材料

- 1 パッケージ (16 オンス) 仔牛のミートボール
- 4 つの職人のフラットブレッドクラスト
- みじん切りにしたにんにく 4 片
- 薄切り赤玉ねぎ 1 カップ
- マリナラソース 2 カップ
- オリーブオイル 大さじ 1
- 乾燥イタリアンシーズニング 小さじ 1
- 10 オンス。スライスした新鮮なモッツァレラチーズの丸太
- 4 オンス。全乳リコッタチーズ
- 薄くスライスしたフレッシュバジル 大さじ 4

## 方向：

a) オーブンを華氏 425 度に予熱します。

b) パッケージの指示に従ってミートボールを調理し、脇に置きます。

c) 大きめのソテーパンにオリーブオイルを中火で熱し、赤玉ねぎとにんにくを加え、時々かき混ぜながら透明になり香りが出るまで 4〜5 分炒める。

d) 羊皮紙を敷いたクッキーシートの上にフラットブレッドを準備します。

e) 各フラットブレッド生地に 1/2 カップのマリナラ ソースを均等に広げ、ドライ イタリアン スパイスで味付けします。

f) 各フラットブレッドに 5 〜 6 枚のモッツァレラチーズをのせます。

g) 調理済みのミートボールを輪切りにし、各フラットブレッドに均等に広げます。赤玉ねぎとにんにくをミートボールに分けます。

h) フラットブレッドを 8 分間焼きます。平たいパンをオーブンから取り出し、それぞれに大さじ 4 杯のリコッタチーズを広げ、オーブンに戻ってさらに 2 分間リコッタチーズを温めます。

i) オーブンからフラットブレッドを取り出し、新鮮なバジルで覆い、2 分間冷ます。

j) 切ってすぐにお召し上がりください。

## 54. ガーリックトーストのミートボールスライダー

収量: 8

## 材料

- 1 パッケージ (26 オンス) イタリアン ミートボール
- マリナラソース 1 瓶
- 冷凍テキサストースト 1 パック
- スライスモッツァレラチーズ 1 パック
- 8 新鮮なバジルの葉 - みじん切り

## 方向：

a) オーブンを華氏 400 度に予熱します。

b) ベーキングシートでテキサストーストピースを 4 分間焼きます．

c) オーブンから半焼きのトーストを取り出し、各スライスに大さじ 2 のマリナラ ソースを塗り、続いてミートボール 6 個とモッツァレラ チーズのスライスを塗ります。串を使って留めます。

d) さらに 6 分間焼きます。

e) 各スライスを半分に切り、バジルの葉をまぶします。

f) すぐに奉仕します。

## 55. セイタン ピザカップ

2つ作る

## 材料

- 1 オンス。全脂肪クリームチーズ
- 1 1/2 カップ 全乳モッツァレラチーズ
- 溶き卵（大）1個
- アーモンド粉 1 カップ
- ココナッツフラワー 大さじ 2
- 1/3 カップのピザソース
- 細切りチェダーチーズ 1/3 カップ
- 1/2 パッケージのセイタンまたは約 4 オンス、さいの目に切った

## 方向

a) オーブンを 400°F に予熱します。

b) クリームチーズとモッツァレラチーズを電子レンジ対応の大きなボウルに入れ、電子レンジで 1 分間加熱し、数回かき混ぜます。

c) 溶き卵と両方の薄力粉を入れ、ひとまとまりになるまで手早く混ぜる。軽くべたつくまで手でこねる。

d) 生地を 8 等分します。油を塗った 2 枚のパーチメント紙の間にピースを置き、めん棒で伸ばします。

e) 生地の各部分をグリースを塗ったマフィン型に押し込み、小さな生地カップを形成します。

f) 15分間、またはきつね色になるまで焼きます。

g) オーブンから取り出し、それぞれにピザソース、チェダーチーズ、セイタンをふりかけます。チーズが溶けるまでオーブンに5分間戻します。

h) マフィン型から取り出してお召し上がりください。

## 56. クリスピーシュリンプフリッター

6人前

**材料:**

- 皮をむいた小エビ 1/2 ポンド
- ひよこ豆または普通の小麦粉 1½ カップ
- みじん切りの新鮮な平葉パセリ 大さじ 1
- ねぎ 3 本、白い部分と柔らかい緑の部分を細かく刻む
- 甘いパプリカ/ピーマン 小さじ ½
- 塩
- 揚げ物用オリーブオイル

**方向:**

a) 鍋に海老がかぶるくらいの水を入れ、強火にかけます。

b) ボウルまたはフードプロセッサーで、小麦粉、パセリ、ねぎ、ピーマンを混ぜて生地を作ります。冷やした調理用水と塩ひとつまみを加えます。

c) パンケーキ生地より少し厚い食感になるまでブレンドまたは加工します。カバーをした後、1 時間冷蔵します。

d) えびは冷蔵庫から取り出し、細かく刻む。コーヒーの粉は破片のサイズでなければなりません。

e) 冷蔵庫から生地を取り出し、海老を混ぜます。

f) 厚手のソテーパンにオリーブオイルを約 1 インチの深さまで注ぎ、煙が出るまで強火で加熱します。

g) フリッターごとに、大さじ 1 杯のバッターをオイルに注ぎ、スプーンの背でバッターを直径 3 1/2 インチの円形に平らにします.

h) 両面を約 1 分間、回転させながら、またはフリッターがきつね色になりカリカリになるまで揚げます。

i) スロット付きスプーンを使用してフリッターを取り除き、耐熱皿に置きます。

j) すぐに奉仕します。

## 57. トマトの〇〇詰め

**材料:**

- 小さいトマト 8 個、または大きいトマト 3 個
- 固ゆで卵 4 個、冷やして皮をむく
- アイオリまたはマヨネーズ 大さじ 6
- 塩とコショウ
- パセリのみじん切り 大さじ 1
- 大きなトマトを使用する場合は、白いパン粉を大さじ 1 杯

**方向:**

a) 沸騰した鍋で 10 秒間皮をむいた後、トマトを氷水または非常に冷たい水を入れた洗面器に入れます．

b) トマトのヘタを切り落とします。小さじ 1 杯または小さくて鋭いナイフを使用して、種と内部をこすり落とします．

c) 卵をアイオリ（使用する場合はマヨネーズ）、塩、コショウ、パセリと一緒にミキシング ボウルでつぶします。

d) トマトにフィリングを詰め、しっかりと押さえます。小さなトマトのふたを気の利いた角度で交換します。

e) トマトを上まで詰め、平らになるまでしっかりと押します。よく切れるカービング ナイフを使用して輪切りにする前に、1 時間冷蔵します。

f) パセリを飾る。

## 58. 塩タラのフリッター アイオリ添え

6人前

**材料:**

- 1 lb. ソルトタラ、浸漬
- 3 1/2 オンス。乾燥白パン粉
- 1/4 lb. 小麦粉のポテト
- 浅煎り用オリーブオイル
- 牛乳 1/4 カップ
- レモンのくし切りとサラダの葉
- 長ねぎ 6 個 みじん切り
- アイオリ

**方向:**

a) 軽く塩を加えた沸騰したお湯の鍋で、じゃがいもを皮をむかずに約 20 分間、または柔らかくなるまで調理します。ドレイン。

b) ポテトが冷めたらすぐに皮をむき、フォークまたはポテトマッシャーで潰します。

c) 鍋に牛乳とネギ半分を入れて煮る。浸漬したタラを加え、10〜15 分間、または簡単にフレーク状になるまで茹でます。タラを鍋から取り出し、フォークでほぐしてボウルに入れ、骨と皮を取り除きます。

d) 大さじ 4 杯のマッシュポテトとタラを入れ、木のスプーンで混ぜ合わせます。

e) オリーブオイルで作業し、残りのマッシュポテトを少しずつ加えます。残りのネギとパセリを混ぜ合わせます。

f) 好みで、レモン汁とコショウで味を調えます。

g) 別のボウルに卵1個をよく混ぜ、固まるまで冷やします。

h) 冷やした魚の混合物を12〜18個のボールに丸め、そっと平らにして小さな丸いケーキにします。

i) それぞれに最初に打ち粉をし、次に残りの溶き卵に浸し、乾燥したパン粉で仕上げます．

j) 揚げる準備が整うまで冷蔵します。

k) 大きくて重いフライパンで、約3/4インチの油を熱します。フリッターを中火から強火で約4分間調理します。

l) それらをひっくり返し、さらに4分間、または反対側がカリカリになり黄金色になるまで調理します．

m) アイオリ、くし切りレモン、サラダの葉を添える前に、ペーパータオルで水気を切ります。

**59.** 海老コロッケ

約 36 台

**材料:**

- 3 1/2 オンス。バター
- 4 オンス。小麦粉
- 冷たい牛乳 1 1/4 パイント
- 塩とコショウ
- 14 オンス。皮をむいた海老の角切り
- トマトピューレ 小さじ 2
- 細かいパン粉 大さじ 5 または 6
- 溶き卵（大）2 個
- 揚げ物用オリーブオイル

**方向:**

a) 中くらいの鍋にバターを溶かし、小麦粉を加えて絶えずかき混ぜます。

b) とろみのある滑らかなソースになるまで、常にかき混ぜながら、冷やした牛乳をゆっくりと注ぎます。

c) 海老を加え、塩こしょうで味を調え、トマトペーストを加えてよく混ぜる。さらに 7〜8 分間調理します。

d) 大さじ 1 杯の材料を取り、1 1/2〜2 インチのシリンダー型のコロッケに丸めます。

e) コロッケをパン粉で転がし、次に溶き卵で、最後にパン粉で転がします。

f) 大きくて底の厚いフライパンで、揚げ物用の油を 350°F に達するまで、またはパンの立方体が 20 〜 30 秒で黄金色になるまで加熱します。

g) きつね色になるまで、3〜4 個以下のバッチで約 5 分間揚げます。

h) スロット付きスプーンを使用して鶏肉を取り出し、キッチンペーパーで水気を切り、すぐにサーブします．

## 60. カリカリのスパイスポテト

サーブ：4

**材料：**

- オリーブオイル 大さじ 3
- あずき色のじゃがいも 4 個（皮をむき、角切りにする）
- 玉ねぎのみじん切り 大さじ 2
- みじん切りにしたにんにく 2 かけ
- 塩と挽きたての黒胡椒
- スペイン産パプリカ 大さじ 1 と 1/2
- タバスコソース 小さじ 1/4
- 挽いたタイム 小さじ 1/4
- ケチャップ 1/2 カップ
- マヨネーズ 1/2 カップ
- パセリのみじん切り（飾り用）
- 揚げ物用オリーブオイル 1 カップ

**方向：**

**ブラバソース：**

a) 鍋にオリーブオイル大さじ 3 を中火で熱します。玉ねぎがしんなりするまで玉ねぎとにんにくを炒めます。

b) 鍋を火からおろし、パプリカ、タバスコソース、タイムを入れて泡立てる。

c) ボウルにケチャップとマヨネーズを入れて混ぜる。

d) 塩こしょうで味をととのえる。式から削除します。

**ポテト：**

e) じゃがいもは軽く塩、黒こしょうで下味をつける。

f) 大きなフライパンで1カップのオリーブオイルでポテトを黄金色になるまで炒め、時々投げます．

g) じゃがいもをペーパータオルで水気を切り、味見をして、必要に応じて塩を足して味を調えます。

h) じゃがいもをカリカリに保つには、食べる直前にソースと合わせてください。

i) 温かいうちにパセリのみじん切りを添えて。

## 61. エビのガンバ

6人前

**材料:**

- オリーブオイル 1/2 カップ
- レモン 1 個のジュース
- 小さじ 2 杯の海塩
- 頭付きの中型海老 24 尾

**方向:**

a) ボウルにオリーブオイル、レモン汁、塩を入れ、泡だて器でよく混ぜます。エビを軽くコーティングするには、混合物に数秒間浸します。

b) 乾いたフライパンで、油を強火で熱します。バッチで作業し、非常に熱いときに鍋が混雑しないように、エビを単層で追加します。1 分間焼く

c) 火を中火に下げ、さらに 1 分間調理します。強火にしてエビをさらに 2 分間、または黄金色になるまで焼きます。

d) オーブンプルーフプレートの低温オーブンでエビを温めておきます。

e) 残りの海老も同様に焼きます。

## 62. ムール貝のビネグレットソース

サービング：30 タパスを作る

**材料：**

- 2 1/2 ダースのムール貝、スクラブしてヒゲを取り除きますレタスの細切り
- ネギのみじん切り 大さじ 2
- ピーマンのみじん切り 大さじ 2
- 赤唐辛子のみじん切り 大さじ 2
- パセリのみじん切り 大さじ 1
- オリーブオイル 大さじ 4
- 酢またはレモン汁 大さじ 2
- 赤唐辛子ソースのダッシュ
- 塩味

**方向：**

a) ムール貝を開いて蒸します。

b) それらを大きな鍋に入れます。ふたをして、ときどき鍋をかき混ぜながら、殻が開くまで強火で調理します。ムール貝は火から下ろし、口が開かないものは捨てる。

c) ムール貝は、電子レンジで加熱して開くこともできます。部分的に蓋をした電子レンジ対応のボウルで、最大出力で 1 分間電子レンジにかけます。

d) かき混ぜた後、電子レンジでさらに 1 分間加熱します。開いたムール貝を取り出し、電子レンジでさらに 1 分間加熱します。開いているものをもう一度削除します。

e) 空の殻が十分に冷めたら、取り出して廃棄します。

f) サービング トレイで、提供する直前に細切りレタスのベッドにムール貝を置きます。

g) 玉ねぎ、ピーマン、ピーマン、パセリ、オイル、ビネガーを混ぜ合わせます。

h) 塩と赤唐辛子のソースで味を調えます。ムール貝の殻の半分まで混合物を入れます。

## 63. ピーマンのご飯詰め

サービング：4

## 材料：

- 1ポンド2オンス ボンバやカラパラなどの短粒のスペイン米
- オリーブオイル 大さじ2〜3
- 4つの大きな赤ピーマン
- 1小さな赤唐辛子、みじん切り
- 玉ねぎ1/2個、みじん切り
- トマト1/2個（皮をむき、みじん切り）
- 5オンス。ミンチ/チョップポークまたは3オンス。塩タラ
- サフラン
- 生パセリのみじん切り
- 塩

## 方向：

a) ピーマンのヘタの先を切り落とした後、小さじ1杯で内膜をこそげ取り、蓋として取っておきます。

b) 油を熱し、赤ピーマンをしんなりするまでじっくり炒める。

c) 玉ねぎがしんなりするまで炒め、肉を加えて軽く焦げ目をつけ、数分後にトマトを加え、調理したコショウ、生米、サフラン、パセリを加えます。塩で味を調えます。

d) ピーマンを慎重に詰め、中身がこぼれないように注意しながら、オーブン対応の皿に横向きに置きます。

e) 蓋をしたオーブンで約1時間半調理します。

f) ご飯はトマトとピーマンの汁で炊きます。

## 64. ローズマリーとチリオイルを添えたカラマリ

サービング：4

**材料：**

- エクストラバージンオリーブオイル
- 新鮮なローズマリー1束
- 種を取って細かく刻んだ赤唐辛子2本 150mlのシングルクリーム
- 卵黄3個
- すりおろしたパルメザンチーズ 大さじ2
- 薄力粉 大さじ2
- 塩と挽きたての黒胡椒
- にんにく1かけ（皮をむいてつぶす）
- 乾燥オレガノ 小さじ1
- 揚げ物用植物油
- 6 イカ、きれいにして輪切りにする
- 塩

**方向：**

a) ドレッシングを作るには、小さな鍋にオリーブオイルを熱し、ローズマリーとチリを入れてかき混ぜます。式から削除します。

b) 大きなミキシングボウルで、クリーム、卵黄、パルメザンチーズ、小麦粉、にんにく、オレガノを一緒に泡だて器で混ぜま

す。生地が滑らかになるまで混ぜます。挽きたての黒胡椒で味付けします。

c) 油を 200°C に予熱して揚げるか、パンの立方体が 30 秒で焦げ目がつくまで加熱します。

d) イカリングを 1 つずつバッターに浸し、慎重に油に入れます。きつね色になるまで、約 2 〜 3 分煮ます。

e) キッチンペーパーで水気を切り、すぐにドレッシングをかけてお召し上がりください。必要に応じて、塩で味付けしてください。

## 65. トルテリーニサラダ

サービング: 8

## 材料:

- 三色チーズのトルテリーニ 1 パック
- さいの目に切ったペパロニ $\frac{1}{2}$ カップ
- スライスしたネギ $\frac{1}{4}$ カップ
- さいの目に切ったピーマン 1 個
- 半分に切ったミニトマト 1 カップ
- スライスしたカラマタ オリーブ $1\frac{1}{4}$ カップ
- 刻んだアーティチョークのマリネ 3/4 カップ
- 6 オンス。さいの目に切ったモッツァレラチーズ
- イタリアンドレッシング 1/3 カップ

## 方向:

a) パッケージの指示に従ってトルテリーニを調理し、水気を切ります。

b) 大きなミキシング ボウルで、ドレッシングを除く残りの材料と一緒にトルテリーニをトスします。

c) ドレッシングを上からかけます。

d) 冷やすために 2 時間置いておきます。

## 66. カプレーゼパスタサラダ

サービング: 8

## 材料:

- 茹でたペンネパスタ 2 カップ
- ペスト 1 カップ
- みじん切りトマト 2 個
- さいの目に切ったモッツァレラチーズ 1 カップ
- 塩とコショウの味
- オレガノ 小さじ 1/8
- 赤ワインビネガー 小さじ 2

## 方向:

a) パッケージの指示に従ってパスタを調理します。約 12 分かかります。ドレイン。

b) 大きなミキシング ボウルで、パスタ、ペスト、トマト、チーズを混ぜ合わせます。塩、こしょう、オレガノで味付け。

c) その上に赤ワインビネガーを垂らす。

d) 冷蔵庫で 1 時間寝かせます。

## 67. バルサミコのブルスケッタ

サービング: 8

**材料:**

- 種を取り除いてさいの目に切ったローマトマト 1 カップ
- バジルのみじん切り $\frac{1}{4}$ カップ
- 細切りペコリーノ チーズ 1/2 カップ
- にんにくのみじん切り 1 片
- バルサミコ酢 大さじ 1
- 小さじ 1 杯のオリーブオイル
- 塩こしょうで味を調えます。チーズ自体がやや塩辛いので注意してください。
- フランスパン 1 斤
- オリーブオイル 大さじ 3
- ガーリックパウダー 小さじ $\frac{1}{4}$
- バジル小さじ $\frac{1}{4}$

**方向:**

a) ミキシングディッシュで、トマト、バジル、ペコリーノチーズ、にんにくを混ぜ合わせます。

b) 小さなミキシングボウルで、酢と大さじ 1 杯のオリーブオイルを一緒に泡立てます。脇に置く。c) スライスしたパンにオリーブ オイル、ガーリック パウダー、バジルをまぶします。

c) 天板に並べ、350度のオーブントースターで5分焼きます。

d) オーブンから取り出します。次に、トマトとチーズの混合物を上に追加します。

e) 必要に応じて、塩こしょうで味を調えます。

f) すぐに奉仕します。

## 68. さば焼き

収量: 1 人分

## 成分

- 1 ポンド 新鮮なアンチョビまたはイワシまたはサバ
- 2 頭のニンニク; ホイルで包み、華氏 350 度で 1 時間焼きます
- 卵 2 個
- にんにく 4 かけ
- レモン汁 1 個分と
- レモン 2 個; くさびで
- エクストラバージン オリーブ オイル 1 カップ
- 塩とコショウの味
- ぬるま湯 大さじ 1
- フランスパン 4 枚

## 方向:

a) グリルまたはグリラーを加熱します。

b) アンチョビ（またはイワシまたはサバ）の鱗と内臓を取り除き、頭と尾をそのままにします。にんにくの頭をゆっくりと絞ってペーストを取り出し、取っておきます。

c) アイオリを作るには、レモン汁を入れたミキサーに卵とにんにくを入れて混ぜ合わせます。ミキサーを動かしながら、オイルを少しずつ加えて濃厚なエマルジョンを作ります。取り出し、

塩、こしょうで味をととのえ、大さじ 1〜2 のぬるま湯でお好みの均一になるようにのばす。

d) アンチョビをグリルに並べ、片面約 1〜2 分ずつ焼き、皿に取り出す。パンを焼き、ガーリックピューレを塗る。各プレートにパンを 1 切れ置き、真ん中にレモンのくさびとアイオリを添えます。

## 69. 海老のベーコン巻き焼き

収量: 4人前

## 成分

- 中エビ 20匹。掃除された
- 10 ストリップベーコン；生、ハにカット
- 3 赤または黄色のピーマン；
- エキストラバージンオリーブオイル 大さじ 4
- バルサミコ酢 大さじ 2
- マスタード 大さじ 1
- フレッシュタイムの小枝
- 1頭のラディッキオ
- 1頭のエンダイブ
- 1頭ビブレタス

## 方向:

a) ラディッキオ、エンダイブ、レタスを洗って乾かします。一口大にちぎって、置いておきます。各エビをベーコンの半分のストリップでしっかりと包みます。

b) 鉄板または炭火でカリカリになるまで 3〜5分、一度回転させて焼きます。カバーして保温します。ピーマンは種を取り、薄い千切りにする。取っておきます。

c) 油、酢、マスタード、タイムを瓶に混ぜます。ふたをしてよく振る。野菜とピーマンを皿に入れます。

**d)** エビを追加します。ビネグレットと軽く混ぜる。浅めのお皿に盛り、野菜を先に並べ、その上に海老5尾をのせます。

**70. バーベキュービーフカップ**

収量: 5 人分

## 成分

- 余分な赤身の牛ひき肉 1 ポンド
- 玉ねぎ 1 個
- 缶詰ビスケット 1 缶
- $\frac{1}{2}$ c のバーベキューソース
- ブラウンシュガー 2TB
- $\frac{3}{4}$ c チェダー チーズ、細切り

## 方向：

a) 茶色のハンバーガー; ソース、タマネギ、ブラウンシュガーを加える。煮る。

b) グリースを塗ったマフィン型に、各カップにビスケット 1 枚を入れ、カップの形に成形します。ハンバーガーの混合物をカップにスプーンで入れます

c) チェダーチーズをはねかけます。400 度で 10～12 分焼きます。

**71. 鳩胸肉の丸焼き**

収量: 1 人分

## 成分

- 鳩の胸肉 1 切れ（半分に切る）
- オリーブオイル 1 本
- 玉ねぎのみじん切り 1 個
- さいの目に切ったにんにく 1 個
- さいの目に切った赤ピーマン 1 個
- 玉ねぎ 2 切れ
- ハラペーニョペッパー 2 切れ
- 半分に切ったベーコン 1 枚

## 方向：

a) 鳥の胸肉を取り出し、各胸肉の半分から肉を取り出します。

b) オリーブオイル、さいの目に切った玉ねぎ、さいの目に切ったにんにく、さいの目に切った赤パプリカを一晩マリネします。またはイタリアンドレッシングで一晩マリネする。

c) 乳房を半分取り、2 枚のワックス紙の間に置きます。肉槌で平らにする。タマネギの部分とハラペーニョペッパーの部分を取り、平らにした胸肉をその周りに転がします．

d) 次に、半分に切ったベーコンを胸肉に巻きつけ、つまようじで固定します。

e)  ベーコンが焼けるまでグリルで焼きます。熱々を前菜としてどうぞ。

## 72. バーベキューミートボール

収量：ミートボール 48 個

## 成分

- 3 ポンドの赤身牛ひき肉
- クイックオートミール 2 カップ
- 13 オンスのエバミルク
- 卵 2 個、少し混ぜる
- タマネギのみじん切り 1 カップ
- 小さじ ½ ガーリックパウダー
- 塩 小さじ 2
- コショウ 小さじ ½
- チリパウダー 小さじ 2

## 方向：

a) 材料を混ぜ合わせ、クルミ大のボール状に成形する。2 (2) 9 x 13 インチのベーキングディッシュに置きます。

b) ソース: 4 C. ケチャップ 2 C. ブラウン シュガー 3 T. リキッド スモーク 1 t. ガーリック パウダー 1 C. さいの目に切ったタマネギ

c) ブラウンシュガーが溶けるまで皿に材料を混ぜます。ミートボールにかける。350 度で 1 時間焼きます。

## 73. 韓国焼肉前菜

収量: 1人分

## 成分

- チャック肉
- $\frac{1}{4}$カップ醤油
- カイエンヌ 小さじ $1\frac{1}{4}$
- ねぎと上1本、ざく切り
- ごま 大さじ2
- ガーリックパウダー 小さじ1
- 小さじ $1\frac{1}{2}$ 酢
- ごま 小さじ $1\frac{1}{2}$
- 黒コショウ

## 方向：

a) 肉を非常に薄い部分に切り分けます。

b) 器に残りの材料を入れてよく混ぜます。

c) 蓋をして一晩冷蔵

d) バーベキューグリルの上のラックに肉を置き、各面を1分ずつ置きます

## 74. バーベキューチキンの前菜

収量: 4人前

## 成分

- 骨なし鶏の胸肉 大 1 枚
- ピーマン 1 本（細切り）
- 玉ねぎ 適量 1 個（厚めの千切り）
- $\frac{1}{2}$ カップ ケチャップ
- マスタード 大さじ 1
- ブラウンシュガー 大さじ 1
- 酢 大さじ 1
- ガーリックパウダー 小さじ $\frac{1}{4}$
- ホットペッパーソース 2 ダッシュ

方向：

a) 鶏むね肉を 16 等分に切り、電子レンジにかける。

b) 鶏肉の上にコショウと玉ねぎのストリップを散らします。

c) 小皿に残りの材料を混ぜ合わせ、鶏肉と野菜の上にかけます。
4. ふたをして電子レンジ 70% で 7 分間、または鶏肉が白く柔らかくなるまで加熱します。つまようじでお召し上がりください。

## 75. バーベキュービット

収量: 10 人分

## 成分

- 1 ポンドフランク、1/2 インチラウンド
- ¼ カップ酢
- ブラウンシュガー 大さじ 3
- ウスターシャー 大さじ 1
- にんにく 1 片（みじん切り）
- コショウ 小さじ ¼
- トマトソース 1½ カップ
- 1 玉葱（小）、みじん切り
- マスタード 大さじ 1
- 小さじ ½ カレー粉
- 塩 小さじ 1

## 方向:

a) FRANKS 以外のすべての材料を鍋で混ぜます。
b) 15 分煮る。
c) ポーションタイムまで冷やしてください。
d) 擦り皿でソースを 15 分間加熱します。前の部分
e) FRANK ラウンドを追加します。しっかり加熱。

f) またはポーション、ゲストはピックで FRANKS を槍で突き刺します。

## 76. ホタテのスモークマッシュルームキャップ

収量: 4 人分

## 成分

- とうもろこしの皮の葉 6〜8 枚
- ホタテ大 16 尾
- 16 ラージ マッシュルーム キャップ
- しつけ用オリーブオイル

ソース：

- $\frac{1}{4}$ ホワイトオニオン、みじん切り
- あじ ピーマン 1/2 個、みじん切り
- オリーブオイル 大さじ 1
- エバミルク $1\frac{1}{2}$ オンス
- ホイップクリーム $1\frac{1}{2}$ カップ
- $\frac{1}{4}$ カップドライシェリー
- コティーヤチーズ $\frac{1}{2}$ カップ
- コーンスターチ 大さじ $1\frac{1}{2}$

## 方向：

a) とうもろこしの皮をスモーカーの底に置き、鍋に少量の水を加えます。

b) ホタテをグリルの上に並べ、強火で約4分間スモークします。

c) きのこのキャップをオリーブオイルまたはチミチュリソースで焼きます。

d) 2分間グリルします。

ソース：

e) 小さめのフライパンで玉ねぎとピーマンをオリーブオイルで炒める。

f) ミキサーに移します。

g) エバミルクとホイップクリームを加えます。よく混ぜます

h) 目の細かいストレーナーに液体を注ぎ、フライパンに移します。ドライシェリーとコティーヤチーズを加えます。非常に暖かくなるまで中程度の熱で加熱します

i) コーンスターチを徐々に混ぜてとろみをつける。目の細かいこし器でソースを濾します。

j) 各プレートをソースでコーティングします。きのこのキャップの中にホタテの燻製を置き、ソースを塗った各皿に2つ並べます。

## 77. BBQ キルバサ

収量: 8人分

## 成分

- 3ポンド スキンレス キルバサ。セグメント化された
- ケチャップ 1カップ
- ブラウンシュガー 1カップ
- ウスターソース 大さじ2
- 小さじ$\frac{1}{4}$ ドライマスタード
- レモン汁 大さじ1
- $\frac{1}{2}$カップ チリソース

## 方向:

a) キルバサは水で30分茹でて油抜きをする
b) 鍋に残りの材料を混ぜ合わせ、約2時間以上煮込んで完成
c) つまようじでクロックポットでお召し上がりください。

# 78. 焼き芋のグリル

## 成分

- 6 焼き芋
- 1 タマネギ；みじん切り
- 4 オンス。グリーンチリ
- 4 オンス。ブラックオリーブ；みじん切り
- ガーリックパウダー 小さじ 1/4
- 小さじ 1/2 レモンペッパー
- アルミホイル

## 方向：

a) ベーキングポテトをこすり洗いして細かく刻みますが、皮をむかないでください。

b) 丈夫なアルミ ホイルを 6 〜 8 枚、1 食分につき 1 枚用意します。

c) 各ホイルの正方形に材料の等量を置きます。

d) ホイルを重ね、端をシールします。バーベキューグリルに約 **45〜55** 分間置きます。

# 79. 焼きアスパラガス

## 成分

- アスパラガス 1 束
- バルサミコ酢 1/2 カップ
- ダッシュソルト

## 方向:

a) **Blackstone** ガスグリルまたは炭火バーベキューを加熱します。アスパラガスに酢を注ぐ。**15〜30** 分間放置します。最高の風味を得るには、**1** 時間マリネしてください。

b) アスパラガスをグリルの上のワイヤーラックにゆっくりと置きます。適度な強火でカリッと柔らかくなり、焼き目がきれいに付くまで調理します。

# 80. ポートベロマッシュルームのグリル

## 成分

- 4 ポートベロー マッシュルーム
- 赤ピーマン 1/2 カップ、みじん切り
- にんにく 1 片（みじん切り）
- オリーブオイル 大さじ 4
- オニオンパウダー 小さじ 1/4
- 小さじ 1 の塩
- 小さじ 1/2 の黒コショウ

## 方向：

a) ブラックストーンを屋外グリルで適度な熱で加熱し、軽く油をこします。

b) きのこをきれいにし、茎を取り出します。大きめの皿に赤パプリカ、にんにく、油、オニオンパウダー、塩、粗びき黒コショウを入れてよく混ぜる。きのこの上に混合物を広げます。

c) 直火または熱い炭のそばで 15〜20 分間グリルします。

# 81. 焼きピーマンの詰め物

## 成分

- トマト缶 2 缶 コショウ小さじ 1/2
- 炊き込みご飯 2 カップ 玉ねぎのみじん切り 適量
- ローストビーフスプレッド 4 缶分 みじん切りにしたにんにく 2 片
- ケチャップ 1 カップ 適量のピーマン 8 個
- 水 1/2 カップ 頑丈なアルミホイル
- 小さじ 1 の塩

## 方向：

a) 適度な鍋で、トマト、米、ローストビーフスプレッド、ケチャップ、水、塩、コショウを混ぜ合わせます。玉ねぎとにんにくをオリーブオイルで炒め、混ぜ合わせる。各ピーマンの茎の端から細い部分を切り取ります。

b) すべての種と膜を取り出します。内側と外側を洗います。

c) 各コショウに米の混合物を軽く詰め、頑丈なアルミホイルの正方形に置きます．ラップをしっかりとかけ、中火で 30 分焼きます。1 回転します。

## 82. エビのペスト詰め

MAKES 4 ポーション

成分：
- 12匹のエビまたは巨大なエビ（10〜15カウント）
- エビ
- ハラペーニョ チリペッパー 1個（種を除く）
- カップ コリアンダー ペスト
- エシャロットの角切り 大さじ3
- オリーブオイル 大さじ3
- にんにく 1かけ（みじん切り）
- さいの目に切った新鮮なコリアンダー 大さじ3

こする
- ワカモレのビネグレット：
- 小さじ粗塩
- ハスアボカド 2個（種と皮をむく）
- 粗挽き黒こしょう ひとつまみ
- エクストラバージン オリーブ オイル ライム 1杯分のジュース
- トマト 1個、種を取り、細かくさいの目切りにする

方向：

a) グリルに火をつけて、中程度から強火に直火、約 $425\frac{1}{4}$ F

b) 海老は背中に沿って切り込みを入れ、真ん中を開けます

c) 各エビの開口部に小さじ 1/2 から 1杯のペストを入れます。エビの詰め物にオリーブオイルを全体にまぶします。

d) ワカモレ ビネグレットの場合：アボカドを中程度の皿にフォークでつぶします。残りの主成分をかき混ぜます。取っておきます。

e) 焼き網にブラシをかけ、油を塗る。片面約 **4** 分間、エビをしっかりとグリルマークが付くまで熱で直接焼きます．
f) お皿に取り出して、ワカモレのビネグレットソースをかけます。

## 83. ナチョスのグリル

**成分**

- シュレッドチーズ
- トマト
- こんがり焼いた牛肉
- サルサ


**方向：**

a) 鉄板にアルミホイルを敷き、ナチョスを山盛りにするだけ。

b) ふたをして、中火から弱火に数分間置きます。チーズがとろけたら火からおろして出来上がり。

## 84. 秋のつくね

サービング：6

## 材料：

- 1～24 オンス。ビーフ ミートボール 1 袋 (1/2 オンス サイズ)、半分にカット
- 玉ねぎ 2 個（スライスまたはみじん切り）
- りんご 5 個（皮をむき、芯を取り、4 等分）
- ブラウンシュガー 1-1/2 カップ
- りんごジュース 1/2 カップ
- 付け合わせのオプションの材料：ドライクランベリー、ザクロまたはリンゴ

## 方向：

a) オーブンを 350°F に予熱します。すべての材料を 4 クォートのキャセロール皿に入れ、蓋をして 1 時間半から 1 時間半、または玉ねぎが柔らかくなるまで焼きます。

b) 調理中は時々かき混ぜてください。クロックポットを使用する場合は、強火で 3 時間調理します。

c) おすすめの食べ方：焼いたどんぐりかぼちゃや炊いたご飯にのせて。

d) ドライクランベリー、ザクロの種、リンゴのスライスを飾ります。

## 85. ミートボールストロガノフ

サービング：6

## 材料：

- 1/2～24 オンス。解凍したビーフミートボールの袋
- 10 オンス。チキンスープのクリーム
- チキンストックまたは水 1/2 カップ
- 10 オンス。スライスしたマッシュルーム、水気を切った
- サワークリーム 1/2 カップ
- ゆで卵麺
- 新鮮なディルウィード、みじん切り

## 方向：

a) ミートボールは電子レンジで 2～3 分解凍する。

b) 大きめの鍋にスープとストックを入れ、絶えずかき混ぜながら火にかけます。

c) ミートボールとマッシュルームを加え、蓋をして弱火で 10 分煮る。サワークリームを加えて沸騰させないように加熱する。

d) 麺の上にスプーンでかけ、ディルウィードをふりかけます。

# 86. カピアミートボル

サービング：6-8

**材料：**

- 1〜24オンス。ビーフミートボールの袋
- 植物油 大さじ1
- にんにく1片（みじん切り）
- ピーマン各1個 粗みじん切り
- 1〜14オンス。パイナップルの塊
- コーンスターチ 大さじ2
- 砂糖 1/3カップ
- 酢 1/3カップ
- しょうゆ 大さじ1
- カシューナッツ 1/2カップ（お好みで）
- トーストしたココナッツ 1/4カップ（お好みで）

**方向：**

a) スキレット法: ミートボールを電子レンジで1分間部分的に解凍します。各ミートボールを3つのスライスに切ります。大き

なフライパンに油を熱します。にんにくとピーマンを加え、2分間炒めます。

b) ミートボールを入れて蓋をし、中火でミートボールに火が通るまで10分ほど煮る。パイナップルの水気を切り、小さなボウルにジュースを残しておきます。

c) パイナップルジュース、コーンスターチ、砂糖、酢、醤油を混ぜます。ミートボールの混合物を注ぎ、ソースがとろみがつくまで絶えずかき混ぜながら調理します。

d) パイナップルの塊とカシューナッツをかき混ぜます。必要に応じて、トーストしたココナッツを飾ります。

e) クロックポット法: パイナップルの水気を切り、ジュースを取っておきます。冷凍ミートボール、パイナップルジュース、コショウ、にんにく、コーンスターチ、砂糖、酢、醤油を鍋に入れ、弱火で8時間（または強火で4時間）煮る。

f) サーブする前に、パイナップルのかけらとカシューナッツを加え、トーストしたココナッツを飾ります。

# 87. カレーつくね

サービング: 10-12

**材料:**

- 1～20 オンス。ビーフミートボールの袋
- さいの目に切った黄玉ねぎ 1/4 カップ
- 全脂肪ココナッツミルク 1 缶
- チキンスープ 1 カップ
- カレー粉 小さじ 4
- ガラムマサラ 小さじ 1
- 生姜 小さじ 1
- ライム 1 個分のジュース
- コリアンダー 1/2 カップ、みじん切り
- サンバル オレック チリ ペースト (オプション)
- 赤唐辛子フレーク

**方向:**

a) 大きなフライパンで、ココナッツミルクと油を溶かします。みじん切りにした玉ねぎを加え、3～4 分煮ます。

b) ソースの残りの材料を混ぜ合わせ、ミートボールに加え、完全に混ぜ合わせます。

c) フライパンに蓋をしてミートボールに火が通るまで煮る。

d) 食べる直前にレッドペッパーフレークをふりかけます。追加の熱のために側面にチリペーストを置きます.

## 88. フレンチオニオンミートボール

サービング：10-12

## 材料：

- 1〜26オンス。牛肉の袋
- ドライオニオンスープミックス1パック
- きのこのクリームスープ1缶
- クリーミーオニオンスープまたはフレンチオニオンスープ1缶
- 水1缶

## 方向：

a) ミートボールを冷凍庫からスロークッカーに入れます。

b) 中くらいの大きさのボウルにスープミックス、缶詰スープ、水を入れて泡だて器で混ぜます。ミートボールの上に注ぎ、かき混ぜます。

c) 時々かき混ぜながら、弱火で約4〜6時間、または強火で約2〜3時間調理します。

d) 卵麺にかけたり、つまようじで前菜としてお召し上がりください。

## 89. メープルミートボール

サービング: 5-6

## 材料:

- 1〜26 オンス。ビーフミートボールの袋
- 本物のメープルシロップ 1/2 カップ
- チリソース 1/2 カップ
- 乾燥チャイブ 小さじ 2 (または新鮮なチャイブ 大さじ 2)
- しょうゆ 大さじ 1
- マスタード小さじ 1/2

## 方向:

a) 鍋にメープルシロップ、チリソース、チャイブ、醤油、粉マスタードを入れて混ぜ合わせます。

b) 弱火にする。ミートボールを鍋に入れ、沸騰させます。

c) ミートボールが完全に加熱されるまで、時々かき混ぜながら中火で 8〜10 分間煮ます。

d) つまようじで前菜として、または温かいご飯にかけてお召し上がりください。

## 90. ミートボールシェパーズパイ

サービング：6

## 材料：

- 1～26オンス。ビーフミートボールの袋
- 1～12オンス。瓶詰めビーフグレービーソース
- 1～16オンス。冷凍ミックスベジタブル（バラバラになるくらい解凍）
- サワークリームとチャイブのマッシュポテト1箱（2パウチ入り）
- すりおろしたパルメザンチーズ 1/2 カップ

## 方向：

a) オーブンを350°Fに予熱します。ミートボールは電子レンジで1分解凍する。各ミートボールを半分に切ります。

b) 大きなボウルに、半分に切ったミートボール、グレイビーソース、冷凍ミックスベジタブルを混ぜ合わせます。混合物をグリースを塗った9インチx13インチのグラタン皿に注ぎます。

c) サワークリームとチャイブポテトの両方のパウチを準備し、パッケージの指示に従って牛乳、熱湯、バターを加えます。

d) 用意したじゃがいもをミートボールの上に広げます。

e) じゃがいもにパルメザンチーズをふりかけ、20～25分焼きます。

# 91. スパゲッティ ミートボールパイ

サービング: 4-6

**材料：**

- 1〜26 オンス。牛肉のミートボールの袋
- みじん切りピーマン 1/4 カップ
- 玉ねぎのみじん切り 1/2 カップ
- 1〜8 オンス。パッケージスパゲティ
- 卵 2 個、少し溶きほぐす
- すりおろしたパルメザンチーズ 1/2 カップ
- 細切りモッツァレラチーズ 1-1/4 カップ
- 26 オンス。ジャー分厚いスパゲッティソース

**方向：**

a) オーブンを華氏 375 度に予熱します。ピーマンと玉ねぎが柔らかくなるまで約 10 分間炒めます。取っておきます。

b) スパゲッティを茹で、水気を切り、冷水ですすぎ、軽くたたいて乾かします。大きなミキシングボウルに入れます。

c) 卵とパルメザンチーズを加えて混ぜ合わせます。スプレーした 9 インチのパイ皿の底に混合物を押し込みます。3/4 カップの

細切りモッツァレラチーズをのせます。冷凍ミートボールを電子レンジで2分間解凍します。

d) 各ミートボールを半分に切ります。チーズ混合物の上にミートボールの半分を重ねます。スパゲッティソースを調理したピーマンとタマネギと混ぜ合わせます。

e) ミートボール層の上にスプーン。ホイルでゆるく覆い、20分間焼きます。

f) オーブンから取り出し、1/2カップのモッツァレラチーズをスパゲッティソースの混合物の上に振りかけます．

g) 泡が立つまで、さらに10分間、ふたをせずに焼き続けます。くさびに切ってサーブします。

## 92. 生姜なアジア風ミートボール

サービング: 10-12

## 材料:

- 1〜20 オンス。牛肉のミートボールの袋
- 海鮮ソース 2/3 カップ
- 米酢 1/4 カップ
- みじん切りにしたにんにく 2 片
- しょうゆ 大さじ 2
- ごま油 小さじ 1
- 生姜 小さじ 1
- テリヤキグレーズ 1/4 カップ
- ブラウンシュガー 1/4 カップ
- ゴマ、オプション

## 方向:

a) オーブンを予熱し、パッケージの指示に従ってミートボールを調理します。取っておきます。

b) ミートボールを焼いている間に、ボウルにソースの材料をすべて入れ、よく混ぜ合わせます。

c) ミートボールの調理が終わったら、各ミートボールを (つまようじを使用して) ソース混合物に個別に浸すか、ミートボールの上にソースを注ぎ、ソース混合物で覆われるまで静かにかき混ぜます。

d) ご飯の上にのせ、サヤエンドウとローストした赤唐辛子のストリップをメインディッシュとして、または爪楊枝を添えた前菜として飾ります。

## 93. ミートボール&ザッティノス

## 成分

- ミートボール 1 カップ
- 小さじ 1/4 の塩
- 1/4 小さじ 挽いた黒コショウ
- すりおろしたパルメザンチーズ 1/2 カップ
- 1 ポンド赤身牛ひき肉
- オリーブオイル 大さじ 1
- 2 玉ねぎのみじん切り
- つぶしたにんにく 4 片または
- 2 にんにくのみじん切り
- 14 オンス缶のトマトソース
- 赤ワイン 1/2 カップ（お好みで）
- ピーマン 1 個
- 乾燥葉バジル 小さじ 1
- リーフオレガノ 小さじ 1/2

方向：

a) 肉を 1 インチのミートボールに成形します。スパゲッティソースの調理に加えます。

b) 中火にかけた大きな鍋に油を熱します。玉ねぎとにんにくを加える。**2**分間ソテーします。残りの成分を追加します。ふたをして、よくかき混ぜながら沸騰させます。

c) その後、火を弱め、よくかき混ぜながら、少なくとも **15** 分間煮込みます。

## 94. ヨーグルト入りミートボール

## 成分

- 牛ひき肉 2 ポンド
- カイエンペッパー、ターメリック、コリアンダー、シナモンをひとつまみ
- 塩・黒こしょう
- にんにく 2 かけ
- 植物油 大さじ 1
- スパニッシュオニオン 1 個
- 6 完熟プラムトマト -- 芯、
- 4 ドライトマト
- 麺

## 方向：

a) ボウルに、牛肉、シナモン、コリアンダー、ターメリック、カイエン、塩、コショウ、にんにく半分を入れて混ぜ合わせます。

b) きれいな手でよく混ぜ、肉を 3/4 インチのミートボールに成形します。それらを脇に置きます。

c) 大きめのキャセロールに油を熱し、玉ねぎを入れ、ミートボールを入れる。頻繁にひっくり返して調理します。

d) プラムトマトと残りのにんにくを加えます。天日干しトマト、塩、こしょうを加え、弱火で 1～2 回かき混ぜながら 5 分煮る。

e) 麺の場合：大きな鍋に水を入れて沸騰させます。麺を入れて煮る。

f) ヨーグルト、にんにく、塩を入れてかき混ぜます。よく混ぜて、6 つの広いボウルに移します。

## 95. ミートボールのストラッチャテッレ

## 成分

- 1クォートのチキンブロス
- 水2カップ
- パスティーナ $\frac{1}{2}$ カップ
- 小さじ1杯 生パセリのみじん切り
- 赤身の牛ひき肉 1/2 ポンド
- 卵1個
- 味付きパン粉 小さじ2
- すりおろしたチーズ 小さじ1
- にんじん1本（薄切り）
- $\frac{1}{2}$ ポンドのほうれん草、葉物だけ
- 一部千切り
- 小さじ2杯 生パセリのみじん切り
- みじん切りにした小玉ねぎ1個
- 卵2個
- 粉チーズ

**方向：**

a) スープ鍋にスープの材料を合わせて弱火にかける。ボウルに肉の材料を混ぜ、たくさんの小さなミートボールを入れ、沸騰したスープの混合物に落とします。

b) 小さなボウルに卵2個を溶きほぐします。木製のスプーンでスープをかき混ぜ、卵をゆっくりと落としながら、絶えずかき混ぜます。暑さから削除。蓋をして2分間放置します。

c) すりおろしたチーズを添えて。

## 96. ミートボールとラビオリのスープ

## 成分

- オリーブオイルまたはサラダ油 大さじ1
- 1つの大きなタマネギ；みじん切り
- にんにく1片；みじん切り
- 28オンスの缶詰のトマト；みじん切り
- $\frac{1}{4}$カップ トマトペースト
- 13 3/4 オンスのビーフブロス
- $\frac{1}{2}$カップ 辛口赤ワイン
- ひとつまみ 乾燥バジル、タイム、オレガノ
- 12オンスのラビオリ。チーズ入り
- パセリ$\frac{1}{4}$カップ；みじん切り
- パルメザンチーズ；すりおろし
- 卵1個
- $\frac{1}{4}$カップ 柔らかいパン粉
- $\frac{3}{4}$小さじ 玉ねぎ塩
- にんにく1片；みじん切り
- 1ポンドの赤身牛ひき肉

**方向：**

a) ミートボールは熱した油で丁寧に焼き色をつける。

b) 玉ねぎとにんにくを混ぜ、ミートボールを崩さないように注意しながら5分ほど煮る。トマトとその液体、トマトペースト、ブロス、ワイン、水、砂糖、バジル、タイム、オレガノを加えます。ラビオリを追加

## 97. ブルガリアのミートボールスープ

収量: 8人前

## 成分

- 牛ひき肉 1 ポンド
- 米 大さじ 6
- パプリカ小さじ 1
- 小さじ 1 杯
- 塩コショウ
- 小麦粉
- 水 6 カップ
- 2 ビーフ ブイヨン キューブ
- ねぎ 1/2 束; スライスされた
- 1 ピーマン; みじん切り
- ニンジン 2 本; 皮をむいた、薄切り
- 3 トマト; 皮をむいてみじん切り
- 1 小。黄唐辛子、スプリット
- 1/2 束のパセリ; みじん切り
- 卵 1 個

- レモン1個（果汁のみ）

**方向：**

a) 牛肉、米、パプリカ、セイボリーを混ぜ合わせます。塩こしょうで味を調えます。軽く、しかし完全に混ぜます。1インチのボールに成形します。

b) 水、ブイヨン キューブ、塩大さじ1、コショウ小さじ1、ねぎ、ピーマン、にんじん、トマトを大きなやかんに入れます。

c) 蓋をして沸騰させ、弱火にして30分煮る。

## 98. ミートボールとフランクフルト

## 成分

- 牛ひき肉 1 ポンド
- 卵 1 個、少し溶きほぐす
- 乾燥パン粉 1/4 カップ
- すりおろしたタマネギ 中 1 個
- 塩 大さじ 1
- チリソース 3/4 カップ
- 1/4 カップのぶどうゼリー
- レモン汁 大さじ 2
- フランクフルト 1 カップ

## 方向：

a) 牛肉、卵、パン粉、玉ねぎ、塩を混ぜ合わせる。小さなボールに成形します。大きなフライパンにチリソース、グレープゼリー、レモン汁、水を入れて混ぜます。

b) 熱; ミートボールを加え、肉に火が通るまで煮る。

c) サーブする直前にフランクを加えて加熱します。

## 99. マンハッタンのミートボール

## 成分

- 2 ポンドの赤身牛ひき肉
- 2 カップ 柔らかいパン粉
- 玉ねぎのみじん切り $\frac{1}{2}$ カップ
- 卵 2 個
- 新鮮なパセリのみじん切り 大さじ 2
- 塩 小さじ 1
- マーガリン 大さじ 2
- 1 ジャー; (10 オンス) クラフト アプリコット プリザーブ
- $\frac{1}{2}$ カップ クラフト バーベキューソース

## 方向：

a) 肉、パン粉、玉ねぎ、卵、パセリ、塩を混ぜます。1 インチのミートボールに成形します。

b) オーブンを 350 度に加熱します。中火の大きなフライパンでマーガリンで茶色のミートボール。ドレイン。13 x 9 インチのグラタン皿に入れます。

c) ジャムとバーベキューソースを一緒にかき混ぜます。ミートボールにかける。ときどきかき混ぜながら、30 分焼きます。

## 100. ベトナムのミートボール

## 成分

- 1.5 ポンドの赤身牛ひき肉
- にんにく 1 片（つぶしたもの）
- 卵白 1 個
- シェリー酒 大さじ 1
- しょうゆ 大さじ 2
- リキッドスモーク 小さじ ½
- フィッシュソース 大さじ 2
- 砂糖 ひとつまみ
- 1 塩と白胡椒
- コーンスターチ 大さじ 2
- ごま油 大さじ 1

## 方向：

a) 混合物をミキサーまたはフードプロセッサーで非常に滑らかになるまでブレンドします。

b) 小さなミートボールを串に刺して成形します (1 串につき約 6 個のミートボール)。

c) 完璧に焼きます。

## 結論

前菜は通常、正式な食事とゲストが来たときに予約されます。彼らは伝統的にカロリーが高く、しばしば揚げられています．ただし、いくつかの小さな健康的な前菜で構成される食事は、1つの大きな不健康な前菜に代わる、興味深く多様な代替品になる可能性があります。

この本では、従来の前菜よりもヘルシーな前菜のレシピを紹介しています。ソースは果物と野菜で作られていることがわかります。したがって、脂肪とナトリウムの含有量を比較的低く保ちながら、これらの料理に大胆な色を与えています．

www.ingramcontent.com/pod-product-compliance
Lightning Source LLC
Chambersburg PA
CBHW071604080526
44588CB00010B/1017